MENTES PERIGOSAS

Ana Beatriz Barbosa Silva

MENTES PERIGOSAS
o psicopata mora ao lado

principium

Texto fixado conforme as regras do Acordo Ortográfico da Língua Portuguesa
(Decreto Legislativo nº 54, de 1995)

Editora responsável: Camila Werner
Editor assistente: Lucas de Sena Lima
Pesquisa para o capítulo 10: Alex Rocha e Marcio Barbosa da Silva
Preparação de texto: Luciana Garcia e Ab Aeterno produção editorial
Revisão de texto: Ana Maria Barbosa, Isabel Jorge Cury e Bruno Fiúza
Projeto gráfico: Mateus Valadares
Paginação: Linea Editora Ltda.
Capa: Adriana Bertolla Silveira
Imagens da capa: Dimitri Otis/Getty Images

3ª edição, 2018 – 5ª reimpressão, 2020

CIP-BRASIL. CATALOGAÇÃO NA PUBLICAÇÃO
SINDICATO NACIONAL DOS EDITORES DE LIVROS, RJ

S578m
   3. ed.
   Silva, Ana Beatriz Barbosa
   Mentes perigosas : o psicopata mora ao lado / Ana Beatriz Barbosa
Silva. - 3. ed. - São Paulo : Principium, 2018.
   288 p. : il. ; 23 cm.

   ISBN 9788525067326

   1. Psicopatas. 2. Psicopatologia. I. Título.

18-52438   CDD: 616.8581
                                 CDU:616.89-008.1

Meri Gleice Rodrigues de Souza - Bibliotecária CRB-7/6439

Editora Globo S.A.
Rua Marquês de Pombal, 25
20.230-240 – Rio de Janeiro – RJ – Brasil
www.globolivros.com.br

A todas as pessoas "de bem" que acreditam e lutam por um mundo menos violento e mais justo.

*A todos aqueles que de alguma forma
me ajudaram a colocar as ideias no papel.*

Sumário

Anexos

Prefácio da edição de aniversário

Mentes perigosas faz dez anos

Será que um livro atinge a maioridade? Ou será que pode envelhecer com a dignidade dos bons vinhos? Não sei, mas uma coisa é certa: a trajetória do *Mentes perigosas* nesses dez anos me deu a certeza de que as melhores coisas da vida podem acontecer quando não temos grandes expectativas, e de formas um tanto sinuosas.

Nunca tive o desejo de escrever este livro, para ser bem sincera. No final da década de 1990, imaginei sua primeira versão. E da maneira como o concebi naquele momento, não fazia sentido escrever um livro para pessoas que não sentem culpa ou remorso por suas atitudes perversas e inconsequentes.

Por que eu haveria de ajudar indivíduos que não têm qualquer sentimento de empatia? Como tratar seres que se acham superiores aos outros exatamente por serem dessa forma? A mudança genuína não é possível sem arrependimento, nem a evolução humana sem o exercício pleno da capacidade de amar.

Até então eu só havia escrito livros que esclareceriam e auxiliavam pessoas portadoras de transtornos comportamentais, como o Transtorno de Déficit de Atenção e Hiperatividade (TDAH), o Transtorno Obsessivo Compulsivo (TOC), os transtornos alimentares e os transtornos ansiosos. Essas pessoas sofriam e desejavam de fato serem pessoas melhores consigo e com os outros.

Por isso, não via sentido em escrever sobre psicopatas. Até o dia em que uma amiga muito querida fez a pergunta fatal: "Por que você não escreve um *Mentes psicopáticas*? Esse seria o seu livro mais generoso. Ele não ajudaria os 4% dos indivíduos indiferentes, mas sim os 96% da população que, em algum momento, foram ou serão vítimas em maior ou menor grau dessa minoria".

Lembro como se fosse hoje da minha reação àquela colocação tão assertiva da Glória. Cheguei a sentir uma náusea, como se tivesse levado um soco na boca do estômago. Naquele momento, fora nocauteada por palavras simples que tinham o peso da verdade. Elas me suscitaram a responsabilidade de escrever em linguagem acessível sobre este tema tão denso e até então tratado por muitos sem nenhuma base científica ou atualizada.

Aquela pergunta ficou ecoando na minha mente por três meses. E então o inevitável aconteceu: comecei a escrever de forma quase compulsiva sobre o assunto. Cinco meses depois nascia *Mentes perigosas: o psicopata mora ao lado*. O desafio era imenso: reestruturar o conceito sobre a maldade humana e alertar 96% da população sobre o perigo que os outros 4% podem representar no contexto individual, familiar e social. A maioria da população ainda relacionava a palavra *psicopata* à ideia da loucura e não à da maldade em sua essência. O livro nasceria contrariando o ideal rousseauniano de que todo ser humano nasce bom e a sociedade é que eventualmente o transforma para o mal. Como um bom rebelde, *Mentes perigosas* nasceu, mas não tinha pai. Eu tinha nas mãos o fruto de muita reflexão, pesquisa e trabalho duro, mas nenhuma editora via com bons olhos aquela criança tão diferente e contrária ao senso comum. Ele ficou guardado por seis meses até que uma mulher chamada Isa resolveu lançá-lo em pequena tiragem para ver como as pessoas o receberiam. Foi então que, em outubro de 2008, *Mentes perigosas* chegou às livrarias.

E chegou com vontade: em menos de trinta dias, 10 mil exemplares tiveram que ser produzidos, depois mais 20, mais 30, 50 mil...

Até que em 2012 ele alcançou a marca de 1 milhão de exemplares vendidos. E não parou aí: foi publicado na Argentina, no México e, em 2016, no Japão.

No início de 2018, a Globo Livros, que publica *Mentes perigosas* desde 2014, propôs fazer uma edição especial para comemorar os dez anos de nascimento desse rebelde de coração grande e empático que pensa sempre nos 96% da população que precisa e merece se proteger dessa minoria incapaz de amar e de se importar com o outro. O previsto era fazer um livro com o mesmo conteúdo, mas com um design comemorativo. De pronto aceitei e gostei da ideia, mas em maio eu já havia imaginado dois novos capítulos para esta edição: "Psicopatas no poder" e "Psicopatas no ambiente familiar". Esses dois novos capítulos foram entregues no limite do tempo para que a edição especial saísse no mês do aniversário de dez anos. Devo confessar que nem eu mesma levava fé nesse filhote, mas ele nasceu guerreiro e cresceu cumprindo seu papel de informar, proteger e clamar por justiça.

Sou grata a todos os leitores de *Mentes perigosas*, pois nesses dez anos eles provaram que tudo que escrevi precisava ser de fato materializado em palavras e compartilhado com o maior número possível de pessoas.

Mentes perigosas me lembra a clássica história infantil do patinho feio: nasceu diferente de seus pares (*Mentes inquietas* e *Mentes e manias*), mas soube crescer e seguir seu destino de cisne.

Como mãe deste rebento, só posso dizer que sinto muito orgulho de sua trajetória.

Ana Beatriz Barbosa Silva
outubro de 2018

Prefácios da 1ª edição

Um livro perturbador

Gloria Perez
escritora e novelista

A gente resiste muito a acreditar na existência do MAL enquanto prática humana! Mas ele está aí, vizinho, rondando cada um de nós, e nem damos conta! O que assusta nessas pessoas é que elas parecem tão comuns, tão gente igual à gente.

E, no entanto, a incapacidade de ter empatia pelo outro revela claramente que elas não são como a gente: psicopata não tem semelhante. Ele nem sabe o que é isso.

Este é um livro perturbador, porque nos faz descobrir que estamos sempre correndo o risco de ser a próxima vítima. Mas, ao mesmo tempo, nos dá as únicas armas possíveis para nos defendermos deles: a possibilidade de reconhecê-los para sair de perto!

Tem o mérito de tirar o psicopata do terreno do crime, onde o senso comum o confina, para mostrar que a maioria deles não chega ao assassinato, ainda que todos vivam de matar: sonhos, esperanças, a confiança que os outros depositam neles.

E ainda os diferencia, no meio carcerário, daquela maioria que realmente é recuperável e merece uma segunda chance.

A boa notícia, como diz a Ana Beatriz, é que eles são uma proporção muito pequena da população, de modo que podemos continuar apostando na humanidade!

Panorama detalhado do comportamento dos psicopatas

Arthur Lavigne
advogado criminalista

É com satisfação que me vejo convidado para tecer algumas considerações sobre o livro *Mentes Perigosas*, obra tão oportuna quanto erudita que, ao se aprofundar no estudo científico e teórico do psicopata, traça os caminhos "para reconhecer e se proteger das pessoas frias e perversas, sem sentimento de culpa, que estão muito perto de nós".

Este livro, tão minucioso e detalhado, é de grande importância para a sociedade. Ele proporciona ao leitor um panorama pormenorizado do comportamento dos psicopatas, delineando prevenções, resguardos e defesas das pessoas que eventualmente venham a se relacionar com eles.

Sem dúvida, a par do rigor técnico e do desembaraço com que a autora discorre nesta obra sobre a psicopatia, podemos verificar a utilidade do trabalho no sentido de estabelecer, de forma mais compreensível e útil, os meios com que os desavisados podem identificar e, por conseguinte, melhor se defender das investidas dos psicopatas.

Um livro de essência autenticamente psiquiátrica, demonstra que a psicopatia decorre da própria natureza do ser. Nas hipóteses dos casos enunciados neste magnífico livro da dra. Ana Beatriz, naqueles em que há ação delituosa há de se aplicar o Código Penal.

Mas o direito evidentemente não se omite quanto aos demais casos. A própria Lei nº 11.340, conhecida como Lei Maria da Penha, trouxe inúmeros institutos cautelares, para que o juiz possa não só punir o autor como tomar determinadas medidas.

Não são poucas as medidas judiciais na esfera cível que instrumentaram nossa legislação, visando minimizar o sofrimento da vítima e fazer com que o autor do dano seja punido dentro de determinado limite, a ponto de desencorajá-lo a reincidir. Assim, entre outras ações, o ressarcimento por danos morais e materiais é um tipo de punição, conforme for o caso.

Dessa forma, mais uma vez, parabenizo a psiquiatra Ana Beatriz Barbosa Silva pelo seu admirável trabalho, útil a toda a sociedade. Mas, acima de tudo, cumprimento-a por trazer a lume uma questão que há muito vem preocupando a psiquiatria e o direito.

Normais na aparência, perigosos nas atitudes

Talvane M. de Moraes
psiquiatra forense

No momento em que recebi o convite da dra. Ana Beatriz Barbosa Silva para comentar o teor do seu novo livro, disse à autora que era louvável e corajosamente desafiadora a sua disposição de abordar um assunto tão complexo e controverso em psiquiatria: falar sobre os psicopatas.

A controvérsia sobre o tema é histórica, conhecida dos profissionais de saúde mental, sendo que alguns até evitam tratar do assunto porque a discussão poderá cair em terreno movediço e cheio de dúvidas técnicas.

O livro aborda, com grande profundidade e clareza didática, a questão dos transtornos de personalidade que são capazes de resultar em comportamentos antissociais graves.

Transitando por uma exposição clara e cientificamente bem fundamentada, a dra. Ana Beatriz faz um criterioso estudo de tais pessoas, que tanto preocupam cada um de nós, pois têm aparência de indivíduos normais, mas são perigosas em suas ações e atitudes. Enganosas em sua conduta, tornam-se de alto risco para aqueles com quem convivem, em razão do que se passa em sua mente. Podem estar próximas a nós, imperceptíveis até o momento do ataque final. Podemos, numa cilada da vida, ser vítimas desses anormais.

Trata-se de uma obra indispensável àqueles que desejam se aprofundar no mundo das diferenças psicológicas entre as pessoas, pois a diversidade do ser humano estabelece o desafio sobre o conhecimento interpessoal. Não somente os profissionais da área da saúde mental, mas todas as pessoas que desejam compreender a natureza humana devem ler este livro.

Eu poderia falar muito mais, mas você, leitor, tem o direito de descobrir as revelações do livro, caminhando pelos meandros dos desafios de *Mentes Perigosas: o psicopata mora ao lado*.

Introdução

O escorpião aproximou-se do sapo, que estava à beira do rio. Como não sabia nadar, pediu uma carona para chegar à outra margem.

Desconfiado, o sapo respondeu:

— Ora, escorpião, só se eu fosse tolo demais! Você é traiçoeiro, vai me picar, soltar o seu veneno, e eu vou morrer.

Mesmo assim o escorpião insistiu, com o argumento lógico de que, se picasse o sapo, ambos morreriam. Com promessas de que poderia ficar tranquilo, o sapo cedeu, acomodou o escorpião em suas costas e começou a nadar.

Ao final da travessia, o escorpião cravou o seu ferrão mortal no sapo e saltou ileso em terra firme.

Atingido pelo veneno e já começando a afundar, o sapo, desesperado, quis saber o porquê de tamanha crueldade. E o escorpião respondeu friamente:

— Porque essa é a minha natureza!

Vez por outra, essa fábula surge em minha mente, seja no cotidiano profissional, seja por meio do acompanhamento das notícias diárias, pelos jornais e pela TV. Trata-se de uma história arquetípica, que ilustra exemplarmente a natureza das pessoas que serão analisadas e descritas ao longo deste livro.

A ideia de escrever sobre *psicopatas* surgiu em razão do momento violento, desumano e marcado por escândalos que nos abate, mas também serve como um alerta aos desprevenidos quanto à ação destruidora desses indivíduos. Devo admitir minha ousadia, mas não pude resistir às inúmeras solicitações dos meus leitores, pacientes, conhecidos e amigos.

Quando pensamos em psicopatia, logo nos vem à mente um sujeito com cara de mau, truculento, de aparência descuidada, pinta de assassino e desvios comportamentais tão óbvios que poderíamos reconhecê-lo sem pestanejar. Isso é um grande equívoco!

Para os desavisados, reconhecê-los não é uma tarefa tão fácil quanto se imagina. Os psicopatas enganam e representam muitíssimo bem! Seus talentos teatrais e seu poder de convencimento são tão impressionantes que eles chegam a usar as pessoas com a única intenção de atingir seus sórdidos objetivos. Tudo isso sem nenhum aviso prévio, em grande estilo, doa a quem doer.

Mas quem são essas criaturas tão nocivas? São pessoas loucas ou perturbadas? O que fazem? O que sentem? Como e onde vivem? Todos são assassinos?

Este livro discorre sobre pessoas frias, insensíveis, manipuladoras, perversas, transgressoras de regras sociais, impiedosas, imorais, sem consciência e desprovidas de sentimento de compaixão, culpa ou remorso. Esses "predadores sociais" com aparência humana estão por aí, misturados conosco, incógnitos, infiltrados em todos os setores sociais. São homens, mulheres, de qualquer etnia, credo ou nível social. Trabalham, estudam, fazem carreiras, casam, têm filhos, mas, definitivamente, não são como a maioria das pessoas: aquelas a quem chamaríamos de "pessoas do bem".

Em casos extremos, os psicopatas matam a sangue-frio, com requintes de crueldade, sem medo nem arrependimento. Porém o que a sociedade desconhece é que os psicopatas, em sua grande maioria, não são assassinos e vivem como se fossem pessoas comuns.

Eles podem arruinar empresas e famílias, provocar intrigas, destruir sonhos, mas não matam. E, exatamente por isso, permanecem por muito tempo, ou até uma vida inteira, sem ser descobertos ou diagnosticados. Por serem charmosos, eloquentes, inteligentes, envolventes e sedutores, não costumam levantar a menor suspeita de quem realmente são. Podemos encontrá-los disfarçados de religiosos, bons políticos, bons amantes, bons amigos. Visam apenas o benefício próprio, almejam o poder e o status, engordam ilicitamente suas contas bancárias, são mentirosos contumazes, parasitas, chefes tiranos, pedófilos, líderes natos da maldade.

A realidade é contundente e cruel; entretanto, o mais impactante é que a maioria esmagadora está do lado de fora das grades, convivendo diariamente com todos nós. Eles transitam tranquilamente pelas ruas, cruzam nossos caminhos, frequentam as mesmas festas, dividem o mesmo teto, dormem na mesma cama...

Apesar de mais de vinte anos de profissão, ainda fico muito surpresa e sensibilizada com a quantidade de pacientes que me procuram com sua vida arruinada, totalmente em frangalhos, alvejada por esses "seres bípedes" que sugam o nosso sangue e vampirizam a nossa alma.

É importante ressaltar que os psicopatas possuem níveis variados de gravidade: leve, moderado e grave. Os primeiros se dedicam a trapacear, aplicar golpes e pequenos roubos, mas provavelmente não "sujarão as mãos de sangue" nem matarão suas vítimas. Já os últimos botam verdadeiramente a "mão na massa", com métodos cruéis sofisticados, e sentem um enorme prazer com seus atos brutais. Mas não se iluda! Qualquer que seja o nível de gravidade, todos, invariavelmente, deixam marcas de destruição por onde passam, sem piedade.

Além de psicopatas, eles também recebem as denominações de sociopatas, personalidades antissociais, personalidades psicopáticas, personalidades dissociais, personalidades amorais, entre outras. Embora alguns estudiosos prefiram diferenciá-los, no meu entendimento, esses termos se equivalem e descrevem o mesmo perfil. No entanto, por uma questão de foro íntimo, e visando facilitar a compreensão, o termo *psicopata* será o utilizado neste livro.

A parte racional ou cognitiva dos psicopatas é perfeita e íntegra, por isso sabem perfeitamente o que estão fazendo. Quanto aos sentimentos, porém, são absolutamente deficitários, pobres, ausentes de afeto e de profundidade emocional. Assim, concordo plenamente quando alguns autores dizem, de forma metafórica, que os psicopatas entendem a letra de uma canção, mas são incapazes de compreender a melodia.

Com base nessa premissa, optei por não inserir trechos de letras de canções brasileiras na abertura dos capítulos, recurso narrativo que costumo adotar em minhas obras. Música é emoção, sentida com a alma. Entendo que repetir a mesma fórmula ao descrever o comportamento de criaturas desprovidas de afetividade seria, no mínimo, um contrassenso.

Aqui não me proponho, sob nenhuma hipótese, a oferecer ajuda terapêutica aos indivíduos com esse perfil. Ao contrário, o meu objetivo é informar o público em geral, para que fique de olhos e ouvidos bem abertos, despertos e prevenidos. Suas vítimas prediletas são as pessoas mais sensíveis, mais puras de alma e de coração...

Também tenho como propósito expor parâmetros para que possamos avaliar em que escala cada um de nós está contribuindo para promover uma cultura social na qual a psicopatia encontra um terreno fértil para prosperar.

Esta obra contém histórias reais que me foram relatadas por vítimas de psicopatas, direta ou indiretamente, e casos tratados com destaque na imprensa. Não estou afirmando que os exemplos aqui citados representam autênticos psicopatas, e sim que ilustram de forma bastante didática comportamentos que um psicopata típico teria. Além disso, todos os casos apresentados se prestam muito bem à exemplificação dos mais diversos níveis de psicopatia, desde os mais leves até os moderados e graves.

Dessa forma, tentei esquadrinhar e tornar o tema o mais abrangente possível, a fim de responder a uma série de perguntas que, na maioria das vezes, nos deixa absolutamente confusos. Assim, espero contribuir para que as pessoas se previnam contra as ameaças que nos rondam de forma silenciosa. Estou convencida de que falhas em nossas organizações familiares, educacionais e sociais são dados importantes e merecem estudos aprofundados e toda a nossa atenção, mas esses fatores por si sós não são suficientes para explicar o fenômeno da psicopatia.

A natureza dos psicopatas é devastadora, assustadora, e, aos poucos, a ciência começa a se aprofundar e a compreender aquilo que contradiz a própria natureza humana.

O conteúdo aqui exposto é denso e intrigante. As páginas percorrem a mente sombria de criaturas cuja vida parece não ter se desenvolvido totalmente. Saber identificá-las pode ser um antídoto (talvez o único) contra seu veneno paralisante e mortal. Infelizmente, a desinformação nos torna vulneráveis, indefesos como sapos tolos fisgados pelas habilidades camaleônicas dos escorpiões.

Prepare-se, porque certamente você conhece, já ouviu falar ou convive com um deles.

Qualquer história sobre
consciência é relativa à
conectividade que existe entre
todas as coisas do universo.
Por isso, mesmo de forma
inconsciente, alegramo-nos
diante da natureza gentil
dos atos de amor.

1
RAZÃO E SENSIBILIDADE
Um sentido chamado consciência

Lembro como se fosse hoje. Fecho os olhos e lá estamos, eu e meus colegas, no anfiteatro principal do Hospital Pedro Ernesto, no Rio de Janeiro. Aquilo que a princípio deveria ser mais uma das palestras do nosso vasto currículo do curso de medicina foi fundamental na minha vida profissional.

Era sexta-feira, nove horas da manhã, e eu me encontrava sonolenta e exausta, em função do plantão que havia feito na noite anterior. Confesso que por uns dez a quinze minutos quase rezei para que o palestrante faltasse ao compromisso. Dessa forma, poderia ir para casa, tomar um belo banho e dormir o sono dos justos sem nenhuma pontinha de culpa.

Por volta das 9h15, um homem franzino e muito branco, que trajava uma calça jeans e um discreto blusão azul, adentrou o auditório repleto de alunos, subiu no tablado e desenhou na lousa o seguinte gráfico:

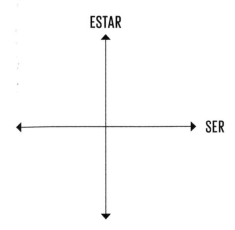

Em tom provocador e entusiasmado, ele entonou em voz firme e forte a seguinte questão: "O que é consciência?".

Ainda sob o impacto daquela estranha presença, que nem sequer havia se apresentado, a turma entreolhava-se de forma discreta, na expectativa de que alguém quebrasse o silêncio constrangedor que inundava o anfiteatro.

Por mais estranho que possa parecer, aquele silêncio me despertou, ou melhor, toda aquela situação me intrigou de alguma forma. Senti-me desafiada pelo questionamento que aquele homem havia jogado no ar!

Rapidamente, ajeitei-me na cadeira, esfreguei os olhos e impulsivamente disparei: "Bom dia, mestre. Sou estudante do terceiro ano desta faculdade (UERJ) e gostaria de saber o seu nome, a sua especialidade e uma pequena explicação sobre o gráfico na lousa".

Por uma fração de segundo, percebi que tinha sido ligeiramente indelicada e também desafiadora. Quando deparei com o professor à minha frente, pude observar certo bom humor em sua fisionomia, o que foi confirmado por suas palavras: "Bom dia a todos os acadêmicos aqui presentes! Meu nome é Osvaldo e sou médico psiquiatra, professor assistente da cadeira de psiquiatria desta faculdade".

Sem pestanejar, o professor Osvaldo, dirigindo-se a mim, fez valer a lei da ação e reação: "Vejo que você está muito interessada no tema de hoje. Então, vamos iniciar nossa aula com a sua descrição sobre a consciência".

Naquele momento, percebi que o ditado "Quem está na chuva é pra se molhar" era inteiramente verdadeiro e, sem possibilidades de fuga, falei: "Professor, quando ouço a palavra consciência, dois sentimentos me vêm à cabeça: um de ordem prática, ou seja, se estou acordada ou não; e outro de ordem subjetiva, que me remete ao fato de eu ter consciência de quem sou e qual o meu papel no mundo".

Com um sorriso de aprovação nos lábios, o professor continuou: "Em parte, você já explicou o gráfico aqui colocado. De certa forma, seu ponto de vista está correto. Mas vamos nos aprofundar um pouco mais nessas questões".

Apontando para o desenho na lousa, ele prosseguiu:

"Estar consciente é fazer uso da razão ou da capacidade de raciocinar e de processar os fatos que vivenciamos. Estar consciente é ser capaz de pensar e ter ciência das nossas ações físicas e mentais. Na clínica médica, podemos averiguar o estado de alerta ou lucidez que uma pessoa apresenta em determinado momento. Assim, podemos perceber, num exame clínico, o estado ou nível de consciência, que podemos identificar como: lúcido, vígil, hipovígil, hipervígil, confuso, em coma profundo etc. Todos os termos atestam o nível de percepção que temos em relação ao mundo.

"Alguém que utilize certas doses de álcool, por exemplo, pode apresentar o seu nível de consciência reduzido (hipovígil) ou até mesmo atingir o estado de coma. De forma inversa, as anfetaminas (estimulantes) — muito utilizadas em dietas de emagrecimento — costumam fazer o cérebro trabalhar mais depressa, deixando as pessoas mais 'acesas', 'elétricas', com a fala rápida, e podem provocar insônia e muita irritabilidade. Esse estado é conhecido como hipervigilância."

Finalmente alguém falava de forma clara como deveríamos iniciar um exame clínico dos nossos futuros pacientes. Entusiasmados e atentos às explicações do professor, fizemos inúmeras perguntas sobre acidentes automobilísticos, traumatismos cranianos, substâncias tóxicas e tantas outras situações que podem alterar nossos níveis de consciência.

A segunda parte da aula não se tratava mais de identificar o estado ou nível de consciência de alguém, mas sim de algo muito mais complexo. Agora a questão era "SER ou não SER".

"Ser consciente não é um estado momentâneo em nossa existência, como dito anteriormente. Ser consciente refere-se à nossa maneira de existir no mundo. Está relacionado à forma como conduzimos nossa vida e, especialmente, às ligações emocionais que estabelecemos com as pessoas e as coisas em nosso dia a dia. Ser dotado de consciência é ser capaz de *amar*!", concluiu o professor.

Ao soar o sinal, a maioria da turma se levantou, esvaziando o anfiteatro. Por alguns minutos, fiquei ali, pensativa, como se algo tivesse me atingido de forma estranha e paralisante. Vi o professor Osvaldo saindo; de longe, ele fez um gesto discreto de despedida ao qual, sem querer, não consegui responder. Na minha mente, duas palavras ecoavam estridentes: consciência e amor! Eu não sabia explicar o porquê, mas, naquele momento, fui tomada por duas inquestionáveis certezas: eu estava lúcida (vígil) e experimentava uma emoção maravilhosa e transcendente de ser uma pessoa consciente.

De lá para cá, muitos anos se passaram, mas aquela aula — em especial, a sua parte final — foi decisiva na minha vida. A partir daquele dia, exercer a psiquiatria passou a ser parte inseparável da minha existência. Eu tinha a consciência de que a minha profissão seria um canal por onde emoções muito boas transitariam por toda a vida.

Ser consciente é ser capaz de amar

Como visto na aula do professor Osvaldo, o termo *consciência* é ambíguo, sugerindo dois significados totalmente distintos.

E por isso mesmo é compreensível que, a esta altura, o leitor esteja confuso. Na realidade, a consciência é um atributo que transita entre a razão e a sensibilidade. Popularmente falando, entre a cabeça e o coração.

Falar sobre consciência pode ser uma tarefa fácil e difícil ao mesmo tempo. O *fácil* são as explicações científicas sobre o desenvolvimento da consciência no cérebro, que envolvem engrenagens como atenção, memória, circuitos neuronais e estruturas cerebrais, as quais só serviriam para confundir um pouco mais. Nada disso vem ao caso agora; pelo menos não é esse o meu propósito. Portanto, esqueça! Aqui, vou considerar o lado *difícil*, subjetivo e relativo ao sentido ético da existência humana: o SER consciente.

Mostrar apreço pelas condutas louváveis, ser bondoso ou educado, ter um comportamento exemplar e cauteloso, preocupar-se com o que os outros pensam a nosso respeito nem de longe pode ser definido como consciência de fato. Afinal, a consciência não é um comportamento em si; nem mesmo é algo que possamos fazer ou em que pensamos. A consciência é algo que sentimos. Ela existe, antes de tudo, no campo da afeição ou dos afetos. Mais do que uma função comportamental ou intelectual, a consciência pode ser definida como uma emoção.

Peço licença e vou um pouco além: no meu entender, a consciência é um senso de responsabilidade e generosidade baseado em vínculos emocionais, de extrema nobreza, com outras criaturas (animais, seres humanos) ou até mesmo com a humanidade e o universo como um todo. É uma espécie de entidade invisível, que possui vida própria e que independe da nossa razão. É a voz secreta da alma, que habita em nosso interior e que nos orienta para o caminho do bem.

A consciência nos impulsiona a tomar decisões totalmente irracionais e até mesmo com implicações de risco à vida. Ela permeia as nossas atitudes cotidianas (como perder uma reunião de negócios porque seu filho está ardendo em febre) e até as nossas ações de extrema bravura e de autossacrifício (como suportar a dor de uma tortura física e psicológica em função de um ideal). Assim, a consciência nos abraça e nos conduz pela vida afora, porque está em plena comunhão com o mais poderoso combustível afetivo: o amor.

De forma bem prosaica, imagine a seguinte situação: você está no aconchego do seu apartamento, depois de um dia exaustivo de trabalho e reuniões. Momentos depois, o interfone toca anunciando a visita inesperada de uma grande amiga. Ela está grávida de sete meses e chegou abarrotada de sacolas com as últimas compras do enxoval. Apesar do cansaço, você fica verdadeiramente feliz com a presença dela.

Por alguns momentos, vocês conversam alegremente sobre o bebê e os planos para o futuro e colocam as fofocas em dia. Lá pelas tantas da noite, sua amiga diz que precisa ir embora.

Em frações de segundo, você pensa: "Preciso tomar um banho e dormir; será que ela vai entender se eu não a acompanhar até a portaria do prédio?", "Mas ela está grávida e tem tanta coisa pra carregar!", "É melhor eu ir junto: foi isso o que me ensinaram".

Bem, essa tagarelice mental, que azucrina tal qual um crime cometido, sem dúvida não é imoral. É absolutamente humana, natural e foge ao nosso controle. Mas também não é a sua consciência soprando em seu ouvido.

Ao contrário do "Vou ou não vou?", você é imediatamente tomado por um impulso generoso e se flagra no elevador com sua amiga, carregando as bolsas e as sacolas. Chama um táxi, abre a porta do carro, diz ao motorista para ir com cuidado e se despedem felizes.

Hum! A consciência é assim mesmo: chega sem avisar e não complica: apenas faz!

Uma história mais comovente:

São Paulo, domingo, novembro de 2007. Cerca de três minutos após ter decolado do aeroporto Campo de Marte, um Learjet 35 caiu de bico sobre uma residência, onde moravam catorze pessoas de uma mesma família. No acidente morreram o piloto, o copiloto e seis pessoas que estavam na casa. Os vizinhos Airton, de dezesseis anos, e seu pai, o sr. Ângelo, de 75, correram para o sobrado da família Fernandes assim que ouviram o barulho da queda do avião. Pai e filho conseguiram salvar Cláudia Fernandes, de dezesseis anos. Eles ouviram o choro da garota, que tem autismo e brincava com sua amiga Laís na hora do acidente. Airton, emocionado, descalço e com a blusa suja de sangue e cinzas, lamentava ter conseguido salvar apenas uma única vida. O sr. Ângelo queimou a mão ao salvar Cláudia e, após ser atendido por médicos no local, permaneceu na rua tentando furar o bloqueio policial para voltar aos escombros.

Sem nenhuma sombra de dúvida, podemos afirmar que Airton e Ângelo possuem consciência. E, naquela tarde de domingo, eles não pensaram; simplesmente agiram: isso é pura consciência em exercício.

Todas as pessoas portadoras de consciência se emocionam ao testemunhar ou tomar conhecimento de um ato altruísta, seja ele simples ou grandioso. Qualquer história sobre consciência é relativa à conectividade que existe entre todas as coisas do universo. Por isso, mesmo de forma inconsciente (sem nos darmos conta), alegramo-nos diante da natureza gentil dos atos de amor.

A consciência genuína

No decorrer da nossa história, muitos estudos e teorias se formaram em torno da consciência e das inevitáveis polêmicas sobre o bem e o mal. Com o passar dos séculos, a consciência foi — e ainda é — alvo de discussões entre teólogos, filósofos, sociólogos e, mais recentemente, desafia e intriga cientistas e juristas.

De fato, conceituar ou definir consciência é algo extremamente complexo que pode gerar controvérsias por anos a fio. Isso porque ela está acima de teorias religiosas ou mesmo psicológicas e científicas.

A meu ver, ter consciência ou ser consciente trata-se de possuir o mais sofisticado e evoluído de todos os sentidos da vida humana: o sexto sentido. Atrevo-me a afirmar que tal sentido foi o último a se desenvolver na história evolutiva da espécie humana. Nossa humanidade, benevolência e condescendência devem ser atribuídas a esse nobre sentido. A consciência é criadora do significado de nossa existência e, de forma subjetiva, também é criadora do significado da vida de cada um de nós. Ela influencia e determina o papel que cada um terá na sociedade e no universo.

Como eu disse, a consciência é tão espetacular que só podemos senti-la, e talvez esteja aí toda a sua grandeza. Se existe alguma coisa de divino em nós, entendo que a nossa consciência seja essa expressão e, quem sabe, uma fração incalculável do tão falado e pouco praticado amor universal ou incondicional. Na verdade, esse sexto sentido é essencialmente baseado na compaixão e na verdadeira prática do amor.

Uma vez que a consciência está profundamente alicerçada em nossa habilidade de amar, em criar vínculos afetivos e nos abastecer dos mais nobres sentimentos, ela nos faz subjetivamente únicos, porém integrados e sincrônicos com o TODO maior e transcendente (tenha ele o nome que tiver, nos diversos povos ao redor do mundo).

A consciência genuína nos impulsiona a ir ao encontro do outro, colocando-nos em seu lugar e entendendo a sua dor. Somos tomados por gestos simples, como desejar bom dia àqueles que não conhecemos ou ligar para um amigo só para dizer: "Olá, como vai? Estou aqui para o que der e vier!".

Inundados de consciência, pedimos desculpas sinceras àqueles que magoamos ou ferimos num momento de equívoco. Agradecemos aos nossos pais pela oportunidade da vida e pelos ensinamentos de retidão. Vibramos e nos emocionamos com a superação de um atleta, que derrama lágrimas ao subir no degrau mais alto do pódio.

Esse sexto sentido é que nos comove com as situações trágicas e também com a felicidade do encontro de irmãos separados desde a infância. Ele nos traz indignação diante do preconceito, do desrespeito às regras sociais, da intolerância ao próximo, da falta de educação, da corrupção e da impunidade.

A consciência nos inspira a zelar pelo nosso animal de estimação e a nos desesperarmos pelo desaparecimento dele. Inspira-nos a chorar copiosamente com o nascimento de um filho e a acompanhá-lo rumo à descoberta do mundo ao seu redor. Permite-nos sentir a profundidade de uma bela melodia, apreciar a exuberância de uma flor e exclamar: "Nossa, que linda!".

A consciência gera movimentos de extrema grandeza pela paz e leva milhares de pessoas às ruas para protestar contra a violência; impulsiona o sacrifício voluntário e incondicional de pessoas que lutam em prol da humanidade. Ela alegra nosso coração com os primeiros raios de sol, anunciando que o dia será mais colorido, e também com a chuva que faz brotar a plantação, garantindo o nosso pão de cada dia.

É a consciência que nos impele a doar órgãos em momentos de extrema dor e a torcer por um final feliz. Impulsiona indivíduos a salvar muitas vidas, mesmo sabendo que pode ser o seu próprio fim. Leva-nos às preces, às orações e às correntes do bem, na esperança de dias melhores. Movimenta-nos contra a seca, a fome, o desmatamento das florestas e a destruição da camada de ozônio, que colocam em risco o rumo do planeta e o futuro das novas gerações.

Enfim, nos pequenos ou nos grandes gestos, a *consciência genuína* — e somente ela — é capaz de mudar o mundo para melhor.

Como animais predadores,
vampiros ou parasitas humanos,
esses indivíduos sempre
sugam suas presas até o limite
improvável de uso e abuso.
Na matemática desprezível dos
psicopatas, só existe o acréscimo
unilateral e predatório, e somente
eles são os beneficiados.

2
OS PSICOPATAS
Frios e sem consciência

Eles vivem entre nós, parecem-se fisicamente conosco, mas são desprovidos deste sentido tão especial: a consciência.

Muitos seres humanos são destituídos desse senso de responsabilidade ética, que deveria ser a base essencial de nossas relações emocionais com os outros. Sei que é difícil acreditar, mas algumas pessoas nunca experimentaram ou jamais experimentarão a inquietude mental, ou o menor sentimento de culpa ou remorso por desapontar, magoar, enganar ou até mesmo tirar a vida de alguém.

Admitir que existem criaturas com essa natureza é quase uma rendição ao fato de que o "mal" habita entre nós, lado a lado, cara a cara. Para as pessoas que acreditam no amor e na compaixão como regras essenciais entre as relações humanas, aceitar essa possibilidade é, sem dúvida, bastante perturbador. No entanto, esses indivíduos verdadeiramente maléficos e ardilosos utilizam "disfarces" tão perfeitos que acreditamos piamente que são seres humanos como nós. São verdadeiros atores da vida real que mentem com a maior tranquilidade, como se estivessem contando a verdade mais cristalina. Assim, conseguem deixar seus instintos maquiavélicos absolutamente imperceptíveis aos nossos olhos e sentidos, a ponto de não percebermos a diferença entre aqueles que têm consciência e os desprovidos do nobre atributo.

Por esse motivo, é natural que você esteja agora se perguntando, de forma íntima e angustiada, se as pessoas com as quais convive ou que fazem parte do seu mundo são dotadas de consciência ou não. Por isso, neste exato momento, proponho um passeio virtual (mental): pare e pense nos seus vizinhos; nos jovens nas escolas; nos trabalhadores da sua rua; nos profissionais de várias áreas; nos amigos dos seus amigos; nas mães que zelam pelos seus filhos; nos líderes religiosos e nos políticos de sua nação. Pare e pense agora nos seus familiares, no seu chefe, no seu subordinado. Será que todos, sem exceção, são dotados de consciência?

Torcemos para que SIM! Contudo, lamentavelmente, não é bem assim que a realidade se mostra. Poderíamos responder a essa mesma pergunta com um vigoroso NÃO! Qualquer uma das pessoas mencionadas como exemplo poderia, de fato, ser desprovida de quaisquer vestígios de consciência. Em outras palavras, elas estão absolutamente livres de constrangimentos ou julgamentos morais internos e podem fazer o que quiserem, de acordo com seus impulsos destrutivos.

Estamos pisando agora num terreno assustador, intrigante e desafiador: a mente perigosa dos psicopatas. Como já foi exposto na introdução deste livro, eles são identificados por diferentes nomenclaturas, como: sociopatas, personalidades antissociais, personalidades psicopáticas, personalidades dissociais, entre outras. Muitos estudiosos preferem diferenciá-los, com explicações ainda subjetivas que, no meu entender, poderiam apenas confundir o leitor. Por causa da falta de um consenso definitivo, a denominação dessa disfunção comportamental tem despertado acalorados debates entre muitos autores, clínicos e pesquisadores ao longo do tempo. Alguns utilizam a palavra *sociopata* por pensar que fatores sociais desfavoráveis sejam capazes de causar o problema. Outras correntes, que acreditam no fato de fatores genéticos, biológicos e psicológicos estarem envolvidos na origem do transtorno, adotam o termo *psicopata*. Por outro lado, também não temos consenso entre instituições como a Associação de Psiquiatria Americana (DSM-IV-TR)[1] e a Organização Mundial de Saúde (CID-10).[2] A primeira utiliza o termo Transtorno da Personalidade Antissocial; já a segunda prefere Transtorno de Personalidade Dissocial.

Em face de tantas divergências, e com o intuito de facilitar o entendimento, resolvi unificar as diversas nomenclaturas e empregar apenas a palavra *psicopata*. Seja lá como for, uma coisa é certa: todas essas terminologias definem um perfil transgressor. O que pode suscitar uma pequena diferenciação entre elas é a intensidade com a qual os sintomas se manifestam.

É importante ressaltar que o termo psicopata pode dar a falsa impressão de que se trata de indivíduos loucos ou doentes mentais. A palavra psicopata literalmente significa doença da mente (do grego *psyche* = mente; e *pathos* = doença). No entanto, em termos médico-psiquiátricos, a psicopatia não se encaixa na visão tradicional das doenças mentais. Esses indivíduos não são considerados loucos nem apresentam algum tipo de desorientação. Também não sofrem de delírios ou alucinações (como a esquizofrenia) e tampouco apresentam intenso sofrimento mental (como a depressão ou o pânico, por exemplo).

Ao contrário disso, seus atos criminosos não provêm de uma mente adoecida, mas sim de um raciocínio frio e calculista combinado com uma total incapacidade de tratar as outras pessoas como seres humanos pensantes e com sentimentos.

---

1. *Manual diagnóstico e estatístico de transtornos mentais*. 4. ed. Texto revisado. Vide Anexo A.
2. Classificação internacional das doenças. Vide Anexo B.

Os psicopatas, em geral, são indivíduos frios, calculistas, inescrupulosos, dissimulados, mentirosos, sedutores e que visam apenas o próprio benefício. São incapazes de estabelecer vínculos afetivos ou de se colocarem no lugar do outro. São desprovidos de culpa ou remorso e, muitas vezes, revelam-se agressivos e violentos. Em maior ou menor nível de gravidade, e com formas diferentes de manifestar os seus atos transgressores, os psicopatas são verdadeiros predadores sociais, em cujas veias e artérias corre um sangue gélido.

Os psicopatas são indivíduos que podem ser encontrados em qualquer etnia, cultura, sociedade, credo, sexualidade ou nível financeiro. Estão infiltrados em todos os meios sociais e profissionais, camuflados de executivos bem-sucedidos, líderes religiosos, trabalhadores, pais e mães "de família", políticos etc. Certamente, cada um de nós conhece ou conhecerá algumas dessas pessoas ao longo da vida. Muitos já foram manipulados por elas, alguns vivem forçosamente com elas e outros tentam reparar os danos materiais e psicológicos por elas causados.

Por isso, não se iluda: esses indivíduos charmosos e atraentes frequentemente deixam um rastro de perdas e destruição por onde passam. Sua marca principal é a impressionante falta de consciência nas relações interpessoais estabelecidas nos diversos ambientes do convívio humano (afetivo, profissional, familiar e social). O jogo deles se baseia no poder e na autopromoção à custa dos outros, e eles são capazes de atropelar tudo e todos com total egocentrismo e indiferença.

Muitos passam algum tempo na prisão, mas, para a infelicidade coletiva, a grande maioria deles jamais esteve numa delegacia ou em qualquer presídio. Como animais predadores, vampiros ou parasitas humanos, esses indivíduos sempre sugam suas presas até o limite improvável de uso e abuso. Na matemática desprezível dos psicopatas, só existe o acréscimo unilateral e predatório, e somente eles são os beneficiados.

Cabe aqui uma breve ressalva. Todos nós, dotados de consciência, podemos, em um momento qualquer da vida, magoar ou insultar o próximo, cometer injustiças ou equívocos e, em casos extremos, matar alguém sob forte impacto emocional. Afinal, somos humanos, e nem sempre estamos com nossa consciência funcionando cem por cento: somos influenciados pelas circunstâncias ou pelas necessidades.

Além disso, vivemos numa sociedade com valores distorcidos, competitiva, de poucas referências, que nos leva a querer tirar vantagens aqui e acolá. Essas derrapagens e esses deslizes a que estamos sujeitos em nossa jornada definitivamente não nos tornam psicopatas. Um belo dia, o senso ético nos faz refletir sobre nossas condutas, voltar atrás e rever nossos conceitos do que é certo ou errado. Caso contrário, o remorso nos perseguirá, torturará e, dependendo da extensão, jamais nos deixará em paz. Por isso, é sempre bom o leitor ter em mente que, aqui, eu me refiro às pessoas de má índole, que cometem suas maldades por puro prazer e diversão e sem vestígios de arrependimento. Esta última palavra simplesmente não existe no parco repertório emocional dos psicopatas.

Como exemplo de uma pessoa capaz de assassinar alguém tomada por violenta emoção — e nem por isso pode ser considerada uma psicopata —, cito o caso da dona de casa Maria do Carmo Ghislotti, de 31 anos. Em fevereiro de 2006, ela matou o adolescente Robson Xavier de Andrade, de quinze anos, com uma facada no pescoço, por este ter estuprado seu filho de apenas três anos. Maria do Carmo e seu marido flagraram Robson cometendo o delito quando ouviram o choro e os gritos no quintal da casa deles. Horas depois, na Delegacia de Defesa da Mulher em São Carlos, interior de São Paulo, Maria do Carmo se reencontrou com Robson e o atacou. Ao ser questionada sobre seu ato, ela declarou: "Na delegacia, achei uma faquinha velha num cantinho. Coloquei na cintura. O rapazinho me falou: 'Não vai dar nada, sou de menor'. Ele me olhava e dava risada. Perdi o juízo. Quando vi, já tinha feito. Ele estragou a vida do meu filho. Qual mãe ia aguentar?".

Maria do Carmo foi inocentada pelo júri popular, que acatou os argumentos dos advogados de defesa Helder Clay e Arlindo Basílio. Eles alegaram que, no momento do crime, Maria do Carmo ainda estava sob forte abalo psicológico, em função da violência praticada contra seu filho.[3]

É claro que não estou, em absoluto, defendendo que façamos justiça com as próprias mãos. Mas, no meu entender, essa trágica história é perfeitamente compreensível. Considero Maria do Carmo uma vítima que, no calor da emoção, agiu por amor ao filho.

O fenômeno da psicopatia precisa ser exposto e explicitado a toda a sociedade da forma como o tema é de fato: um enigma sombrio com drásticas implicações para todas as pessoas de bem que lutam diariamente para a construção de uma sociedade mais justa e humana. Após séculos de especulações e décadas de estudos — a maioria deles baseada na experiência dos seus autores —, esse mistério começa a ser revelado.

Segundo o psicólogo canadense Robert Hare, uma das maiores autoridades sobre o assunto, os psicopatas têm total ciência dos seus atos (a parte cognitiva ou racional é perfeita), ou seja, sabem perfeitamente que estão infringindo regras sociais e por

---

3. Jornal *O Globo*, 15 nov. 2006.

que estão agindo dessa maneira. A deficiência deles (e é aí que mora o perigo) está no campo dos afetos e das emoções. Assim, para eles, tanto faz ferir, maltratar ou até matar alguém que atravesse o seu caminho ou os seus interesses, mesmo que esse alguém faça parte de seu convívio íntimo. Esses comportamentos desprezíveis são resultados de uma escolha exercida de forma livre e sem nenhuma culpa.

A mais evidente expressão da psicopatia envolve a flagrante violação criminosa das regras sociais. Sem nenhuma surpresa adicional, muitos psicopatas são assassinos violentos e cruéis. No entanto, como já foi dito, a maioria deles está do lado de fora das grades, utilizando, sem consciência alguma, habilidades manipuladoras contra suas vítimas — que, para eles, funcionam apenas como troféus de competência e inteligência.

Reafirmo: é comum depararmos com pessoas de boa índole (até mesmo de alto nível intelectual e cultural) que duvidam de que os psicopatas possam existir de fato. Para sanar essa dúvida, basta observar a grande quantidade de pessoas mostradas na mídia diariamente: assassinos em série, pais que matam seus filhos, filhos que matam seus pais, estupradores, ladrões, golpistas, estelionatários (os famosos "um-sete-um"), gangues que ateiam fogo em pessoas, homens que espancam a esposa, criminosos de colarinho-branco, executivos tiranos, empresários e políticos corruptos, sequestradores...

Todos os crimes cometidos por esses indivíduos, de pequena ou grande monta, deixam-nos tão perplexos que a nossa tendência inicial é buscar explicações no mínimo razoáveis. E então especulamos: "Ele parecia tão bom... o que aconteceu?", "Será que ele não regula muito bem, estava drogado ou perturbado?", "Será que foi maltratado na infância?". E, mergulhados em tantas perguntas, *incorremos no erro de justificar e até "entender" as ações criminosas dos psicopatas*. Passe a ler os jornais sob esse novo prisma (a falta de consciência) e você perceberá rapidamente o quão assustador é o problema. Convenhamos: não é chocante saber que tais comportamentos moralmente incompreensíveis são exibidos por pessoas aparentemente "normais" ou comuns?

É preciso estar atento para o fato de que, ao contrário do que se possa imaginar, existem muito mais psicopatas que não matam do que aqueles que chegam à desumanidade máxima de cometer um homicídio. Cuidado: os psicopatas que não matam não são, em absoluto, inofensivos! Eles são capazes de provocar grande impacto no cotidiano das pessoas e são igualmente insensíveis. Estamos muito mais propensos e vulneráveis a perder nossas economias ao cair na lábia manipuladora de um golpista do que perder a vida pelas mãos dos assassinos.

Dizem que a vida imita a arte, e vice-versa. Desse ponto de vista, costumo acreditar na segunda opção: a arte imita a vida. Se observarmos bem, existem diversos filmes em que os personagens principais ou secundários dão vida, voz e ação aos diversos tipos de psicopatas, sejam eles golpistas ou estelionatários, grandes empresários ou políticos inescrupulosos, ou ainda os assassinos cruéis e impiedosos que agem de forma repetitiva e sistemática (os ditos *serial killers*).

Desde que o cinema existe, os psicopatas sempre estiveram presentes entre seus grandes personagens. Sob esse aspecto, os filmes sobre vampiros são, a meu ver, os que sempre tiveram os psicopatas como os grandes astros em cena. Assim como os vampiros da ficção, os psicopatas estão sempre de tocaia. Neste exato instante em que você lê este livro, eles estão agindo por aí: nas ruas, em plena luz do sol, procurando suas "presas", às mesas de seus escritórios envolvidos em negociações escusas ou mesmo sob o teto acolhedor de um lar que em instantes será devastado.

Eles estão por toda parte, perfeitamente disfarçados de gente comum e, tão logo suas necessidades internas de prazer, luxúria, poder e controle se manifestarem, se revelarão como realmente são: feras predadoras.

Os psicopatas são os vampiros da vida real. Não é exatamente o nosso sangue o que eles sugam, mas sim nossa energia emocional. Podemos considerá-los autênticas criaturas das trevas. Possuem um extraordinário poder de nos importunar e de nos hipnotizar com o objetivo maquiavélico de anestesiar nossa capacidade de julgamento e nossa racionalidade. Com histórias imaginárias e falsas promessas, fazem-nos sucumbir ao seu jogo, e, totalmente entregues à nossa própria sorte, perdemos nossos bens materiais ou somos dominados mental e psicologicamente.

O mais surpreendente é que, a princípio, os psicopatas aparentam ser melhores que as pessoas comuns. Mostram-se tão inteligentes, talentosos e até encantadores como o próprio conde romeno que a literatura imortalizou como o Conde Drácula. Inicialmente nos despertam confiança e simpatia, e acabamos por esperar mais deles do que das outras pessoas. Ilusórias expectativas! Esperamos, mas não recebemos nada positivo e, no fim das contas, amargamos sérios prejuízos em diversos setores da nossa vida.

Sem nos darmos conta, acabamos por convidá-los a entrar em nossa vida e, quase sempre, só percebemos o erro e o tamanho do engodo quando eles desaparecem inesperadamente, deixando-nos exaustos, adoecidos, com uma enorme dor de cabeça, a carteira vazia, o coração destroçado e, nos piores casos, com vida perdida. Para os psicopatas, essa sucessão de fatos irresponsáveis é absolutamente normal. Afinal de contas, seduzir e atacar uma "presa" é seu objetivo maior, e, tal qual o escorpião da fábula ilustrada na introdução do livro, essa é a sua natureza!

Apesar de todo o estrago, muitas pessoas vitimadas por eles ainda se perguntam e exclamam: "Será que o erro foi meu ou foi dele?", "Onde foi que eu errei para que aquela pessoa que era tão boa e fascinante se transformasse num monstro sem escrúpulos?", "Meu Deus, a culpa disso tudo é minha?!".

Tenha absoluta certeza: o problema são *eles*. São vampiros humanos, ou, se preferir, predadores sociais. Adoraria dizer que encontrá-los por aí é algo raro e improvável, mas, se assim eu fizesse, estaria agindo como um deles: mentindo, omitindo a verdade e impossibilitando você de se precaver contra as maldades e perversidades deles. Essa diferença entre o funcionamento emocional normal e a psicopatia é tão chocante que, quase instintivamente, nos recusamos a acreditar que de fato possam existir pessoas com tal vazio de emoções. Infelizmente, essa nossa dificuldade em acreditar na magnitude dessa diferença (ter ou não ter consciência) nos coloca permanentemente em perigo.

Moreno, alto, bonito e sensual

Andréa estava separada havia um ano quando conheceu Rafael numa festa. Tratava-se de um advogado comum, com roupas despojadas, jeito sedutor e um sorriso que contagiava todo o ambiente. Seus cabelos escuros, lisos e bem tratados emolduravam o belo rosto com olhos castanhos e encantadores.

Ele se aproximou de Andréa e iniciaram um papo animado, como se já se conhecessem havia muito tempo. Ela narrava sua mais recente viagem aos Estados Unidos, onde se refugiou para esquecer os últimos acontecimentos. Já Rafael falava, com riqueza de detalhes, sobre a Europa e por que o Velho Mundo o fascinava tanto.

Rafael delicadamente lhe servia drinques, canapés e, vez por outra, contava piadas absolutamente engraçadas que a faziam rir como nunca. Ele era habilidoso e performático em narrar histórias divertidas, e ela se via cada vez mais encantada com aquele homem tão especial, que estava a um palmo de distância.

Outros encontros vieram, e sempre tão agradáveis quanto o primeiro. Andréa pensou: "Meu Deus, isto é tudo de bom! Encontrei o homem que toda mulher sonha em ter ao seu lado!". Ela estava se apaixonando novamente e deixando para trás a amargura do casamento fracassado.

Com alguns meses de namoro, Andréa ainda não conhecia a casa e a família de Rafael. Sabia que morava com a mãe viúva, que ele alegava ser uma pessoa muito difícil, possessiva e indelicada com suas namoradas. Por isso, não queria novamente que sua felicidade fosse "ladeira abaixo" com o ciúme doentio da mãe. Andréa compreendeu.

O tempo passou, e algumas atitudes de Rafael começaram a intrigá-la: ao mesmo tempo que era amável e sociável, ele se mostrava intolerante, impulsivo e, às vezes, preconceituoso. Um dia, ao fazerem compras juntos, agarrou um garoto pelo colarinho, simplesmente porque o menino esbarrou no seu carrinho de compras. "Por que você foi tão agressivo com ele?", ela perguntou. "Porque não fui com a cara dele", foi a resposta. Ao saírem do supermercado, um funcionário se ofereceu para colocar as compras no carro. Rafael o empurrou com tanta força que por pouco o rapaz não tombou indefeso no meio da calçada. Partindo com o carro, constrangida, Andréa ainda ouviu o rapaz gritar: "Você está louco? Eu só quis ajudar!".

Não tocaram mais no assunto. Apesar do que aconteceu, Rafael estava calmo e dirigia com cuidado, como se nada tivesse acontecido. Ligou o rádio, comprou flores pelo caminho e contou mais algumas piadas. Dessa vez, ela não achou a menor graça.

Andréa comentou com seus amigos sobre esses e outros episódios contraditórios, mas ninguém deu muita importância: "Ele parece ser um cara legal; deve ser apenas uma fase de estresse", "Não fique tão preocupada; todos nós temos defeitos, e vocês formam um belo casal".

Dois meses depois, Rafael quis trocar de carro e convenceu Andréa a emprestar suas economias. Ele estava prestes a receber seus honorários e, em poucos dias, devolveria o dinheiro. Ela não questionou; apenas confiou e raspou sua poupança. Ele nunca mais deu sinal de vida.

Em pouco tempo, toda a verdade foi descoberta: Rafael era um impostor, um tremendo picareta! Não era advogado, nunca havia trabalhado e jamais colocara os pés na Europa. Apesar de sua inteligência, na fase escolar, só estudava para passar aos trancos e barrancos. Seus pais adoravam cachorros, mas abriram mão desse prazer porque Rafael os maltratava e ria enquanto sua irmã mais nova chorava em defesa dos cães. Havia poucos anos seu pai morrera de um infarto fulminante e lhes deixara uma gorda pensão. Rafael já era homem-feito e ainda apelava para o bom coração da mãe, que lhe assegurava uma boa mesada.

Andréa não foi a primeira e, com certeza, não será a última pessoa do mundo a ser enganada por ele. Provavelmente Rafael jamais matará alguém (isso só o tempo dirá), mas continuará vivendo de "golpes baratos", aproveitando-se de mulheres fragilizadas e se divertindo com seus feitos. Com sua habilidade de ludibriar, seduzir e até assustar, sente-se superior a todos e os vê como tolos. Alvos fáceis. Rafael não se importa com ninguém. Rafael é um psicopata.

*A piedade e a generosidade
das pessoas boas podem se
transformar em uma folha de
papel em branco assinada
nas mãos de um psicopata.
Quando sentimos pena, estamos
vulneráveis emocionalmente,
e é essa a maior arma que eles
podem usar contra nós.*

3
PESSOAS NO MÍNIMO
SUSPEITAS

Acredito que todo mundo conheça uma pessoa meio imprestável, encostada no outro e vivendo folgadamente à custa dele. Vamos lá, faça um esforço e vasculhe os "arquivos" salvos em suas pastinhas mentais; certamente você encontrará um amigo ou uma amiga, um cunhado, um parente distante, um conhecido, ou, em última instância, lembrará uma história que lhe contaram.

Essas pessoas estão sempre com desculpas esfarrapadas na ponta da língua, justificando que os tempos estão "bicudos" e que arrumar emprego não está nada fácil. Também existe aquela velha história de que a saúde não anda lá essas coisas, dói aqui, dói acolá, e enfrentar o batente não vai dar. Pois é: então analise comigo esse comportamento aparentemente inofensivo e que pode ser encontrado ao nosso redor.

Maria se formou em odontologia antes de completar 22 anos e deu seu grito de independência. Arrumou seu primeiro emprego dentro da área que escolheu e alugou um pequeno apartamento no Rio de Janeiro. Pouco tempo depois, Carla, uma conhecida do interior de Santa Catarina e dois anos mais jovem, entrou em contato. Papo vem, papo vai, Carla perguntou se poderia passar uns tempos na casa de Maria, já que as chances de emprego e estudos eram bem maiores.

Maria não viu nada de mais naquele pedido. Ao contrário, deu a maior força, na intenção de ajudá-la. Para Maria, dar apoio a uma amiga era absolutamente natural, e, de mais a mais, ela estava morando sozinha. O que custava acolher alguém por alguns meses em sua casa? Carla chegou de mala e cuia e se acomodou no apartamento pequeno, mas bem equipado.

Maria trabalhava o dia todo e estudava com afinco para dar conta do seu curso de pós-graduação que iniciara havia alguns meses. Carla ficava em casa, assistindo TV, recebendo amigos e assaltando a geladeira. Se havia alguma coisa que Carla sabia fazer muito bem era conquistar pessoas e conduzir com habilidade uma conversa agradável. Isso era um verdadeiro dom. Levava quem quisesse no bico e desfrutava do bom e do melhor, sem pagar absolutamente nada por isso.

Meses a fio se passaram e nada de estudos ou emprego à vista. De todas as oportunidades que surgiam, Carla dizia que não era exatamente aquilo que estava procurando. Comia, bebia, pendurava-se ao telefone, ia à praia quando Deus mandava bom tempo e passeava com os amigos. Vez por outra ligava para seus pais, mentia que estava trabalhando e pedia algum dinheiro para ajudar nas despesas. Maria trabalhava, estudava, fazia as compras, chegava exausta e olhava ao redor: os copos sujos no mesmo lugar, as roupas espalhadas, os tocos de cigarros infestando o ambiente, as tarefas por fazer e a panela vazia.

Convenhamos: por quanto tempo você, leitor, aguentaria tamanho abuso?

O tempo passou e esse "chove não molha" se arrastou por quase um ano. À beira de um ataque de nervos, Maria conversou uma, duas e sei lá quantas vezes mais com Carla para que ela procurasse um emprego e seguisse o seu caminho. Carla ouvia tudo, abaixava a cabeça e dava uma desculpa básica: "Pensei que você fosse minha amiga; eu não tenho para onde ir. Voltar para a casa dos meus pais é o mesmo que amargar uma derrota. Não sou capaz de suportar".

A gota d'água foi quando Carla embolsou o dinheiro do aluguel que Maria havia entregado nas mãos dela para que fizesse o favor de pagá-lo na imobiliária. E lá se foi sua "amiga", de mala e cuia, para a casa de outra conhecida, com as mesmas desculpas e o mesmo discurso. Maria sentiu descer garganta abaixo um gosto misto de alívio, tristeza e culpa.

Poderíamos dizer que Carla é uma psicopata leve? Não, por enquanto. Isso seria precipitado e imprudente. Afinal, temos que ter em mente a imaturidade de Carla e que esse comportamento irresponsável pode ser fruto de sua própria cultura. Em suma: uma malandragem "inocente" de uma pré-adulta perdida, que ainda coloca a mochila nas costas e acampa na casa de quem lhe oferece abrigo.

Chorando suas pitangas

Mais de quinze anos se passaram e, mesmo com esses tropeços iniciais, Maria e Carla eventualmente se encontravam. Nesse longo período, Maria se casou, sua profissão deslanchou e ela manteve uma vida estável. Carla, por sua vez, viveu por muito tempo pulando de galho em galho (em casa de amigos, namorados), esfolando um e outro. Reclamava de tudo e de todos, jogava uma pessoa contra a outra e não parava nos empregos. Ela sempre tinha razão, a culpa era do outro e o mundo é que estava errado! Mas, paradoxalmente, ela era envolvente e, com isso, sabia explorar muito bem os bons sentimentos que despertava nas pessoas.

Há alguns anos, Carla mora sozinha no seu próprio apartamento, que, diga-se de passagem, foi comprado com o sacrifício de seus pais. Maria às vezes questionava o comportamento da amiga, mas, no meio de tantos afazeres, isso tudo se diluía; apenas seu coração amolecia cada vez que Carla chorava suas pitangas. Carla, como quem não queria nada, chegava de mansinho, pedia um dinheiro emprestado, usava o computador por longas horas, usufruía do telefone, pegava emprestados livros e CDs, aproveitava a boquinha-livre, alugava o ouvido de Maria...

Certa noite, elas comemoravam o aniversário de um amigo em comum num agradável restaurante. Estavam todos por lá: familiares e conhecidos que a vida lhes trouxe na bagagem. Carla acendeu um cigarro e baforou lentamente uma bola de nuvem branco-azulada sobre a mesa. Maria discretamente falou ao pé do ouvido dela: "Vamos até a varanda; ao seu lado tem uma amiga grávida de cinco meses". Carla deu de ombros, olhou bem nos olhos de Maria e sussurrou: "Dane-se, aqui é uma área reservada para fumantes. Esse filho não está na minha barriga e, se ela o perder, será um pirralho a menos no mundo".

Maria estremeceu. A força fria e penetrante do olhar de Carla fez com que todas as lembranças invadissem a sua mente: lembrou-se do dinheiro do aluguel, das vezes que precisou da ajuda da amiga e ela nunca esteve presente, da falta de carinho com as datas importantes de sua vida, da ausência de Carla quando permaneceu vários dias hospitalizada, de tudo o que emprestou a ela e de que nunca mais viu a cor, das mentiras e da falta de respeito da amiga pelos pais. Lembrou-se também do dia em que um menino caiu na frente de Carla e, enquanto ele chorava, ela ria e dizia: "Bem feito! Tomara que tenha quebrado o braço". A partir de então, Maria refletiu: "Caramba, estou alimentando um monstrengo!". Ela se levantou e não olhou mais para trás. Foi a última vez que Maria viu Carla...

* * *

Se analisarmos bem, Carla jamais teve consideração e afeto verdadeiros por Maria nem por qualquer outra pessoa que tenha lhe estendido as mãos. Ela mentiu, enganou, roubou e viveu na "aba do chapéu" de todos. Recebeu muito, mas nunca deu nada em troca. Quanto a seus pais, está fazendo as contas e esperando que morram para herdar o pouco que lhes resta. Agora tudo está mais claro: aquela pessoa que, por muito tempo, parecia ser frágil, injustiçada e levemente desonesta, na realidade, não tem consciência.

Como saber em quem confiar?

No exercício da minha profissão, a pergunta anterior é uma das mais ouvidas em meu consultório. Isso é natural, pois muitas pessoas que buscam ajuda psiquiátrica ou mesmo psicológica já foram vítimas de traumas provocados por ações inescrupulosas de psicopatas nos diversos setores de sua vida. E, surpreendentemente, essa questão não é a mais importante para tais pessoas, as quais, de alguma forma, tiveram a vida arrasada por outros seres humanos. Em geral, elas tentam entender desesperadamente onde erraram, na tentativa de justificar os atos pouco éticos de seus parceiros, sejam eles cônjuges, sócios, amigos, chefes, colegas de trabalho, funcionários etc.

No meu ponto de vista, a questão sobre em quem confiar deveria ser de suma importância para a maioria de nós, incluindo aqueles que não tiveram perdas ou traumas muito sérios. É preciso ter em mente que as pessoas não merecedoras de nossa confiança não usam roupas especiais, não possuem um sinal na testa que as identifique, tampouco apresentam algum perfil físico específico. Elas são muito parecidas conosco e podem nos enganar durante uma longa existência.

Outro detalhe que dificulta muito essa análise interna é o fato de nos basearmos, muitas vezes, em estratégias irracionais originadas da nossa própria cultura e que acabam por criar crendices ou ditos populares com elevado grau de senso comum: "Os homens são todos iguais; não dá pra confiar", "As mulheres são sempre interesseiras", "Todo mundo é bom, até que se prove o contrário", "Todo mundo merece uma segunda chance" etc.

No íntimo, todos nós buscamos acreditar em fórmulas mágicas ou regras claras que não deixem dúvidas sobre pessoas em quem podemos confiar. No entanto, a confiabilidade é algo subjetivo, não existindo um padrão de atitudes que nos impeça de cometer enganos ou até mesmo um teste que dê legitimidade às pessoas dignas de confiança. Saber e aceitar esse fato é extremamente importante para que sejamos mais observadores, cautelosos e, principalmente, mais respeitosos conosco. A incerteza dessa condição (ser ou não ser confiável) faz parte da natureza humana. Para ser sincera, jamais conheci alguém que tenha realizado o feito extraordinário de nunca ter sido ludibriado por alguém mal--intencionado. Quando se trata de confiarmos em outra pessoa, todos tropeçamos e cometemos falhas. Algumas, infelizmente, podem trazer graves consequências; outras, nem tanto, como vimos na história de Maria e Carla, descrita no início do capítulo.

Voltando à pergunta inicial sobre em quem podemos confiar, tenho uma má e uma boa notícia. A má é que *verdadeiramente* existem pessoas que não possuem consciência nem sentimentos nobres e, por isso mesmo, não podemos confiar nelas de maneira nenhuma. Por favor, acredite nisso!

Segundo a classificação norte-americana de transtornos mentais (DSM-IV-TR), a prevalência geral do transtorno da personalidade antissocial ou psicopatia é de cerca de 3% em homens e 1% em mulheres, em amostras comunitárias (aqueles que estão entre nós). Taxas de prevalência ainda maiores estão associadas aos contextos forenses ou penitenciários. Desse percentual, uma minoria corresponderia aos psicopatas mais graves, ou seja, aqueles criminosos cruéis e violentos cujos índices de reincidência criminal são elevados. A princípio, 4% da população pode não parecer tão significativo, mas imagine uma grande cidade como Rio de Janeiro ou São Paulo, por exemplo, onde milhares de pessoas se esbarram o tempo todo. A cada cem pessoas que transitam para lá e para cá, três ou quatro delas estão praticando atos condenáveis, em graus variáveis de gravidade, ou estão indo em direção à próxima vítima. Imagine também o estádio do Maracanã lotado numa decisão de campeonato de futebol, onde cerca de 80 mil pessoas podem ser acomodadas: ali podem estar concentrados cerca de 3 mil psicopatas. Quando pensamos sob essa ótica, as estimativas tomam proporções gigantescas!

A boa notícia é que quase 96% das pessoas são consideradas possuidoras de uma base razoável de decência e responsabilidade. Isso significa que, surpreendentemente, para um padrão comportamental considerado pró-social (a favor das boas relações), nosso mundo deveria estar aproximadamente 96% a salvo ou, pelo menos, mais humano ou consciente.

Essa boa notícia sem dúvida nos alegra o coração. No entanto, deixa-nos uma sensação no mínimo estranha. Afinal, se a grande maioria da população mundial é razoavelmente boa, por que o mundo nos parece tão assustador? Como explicar os trágicos noticiários que nos colocam diariamente em contato com a violência no trânsito, a contaminação ambiental, os genocídios, os homicídios cruéis, a corrupção, os atentados terroristas...?

A menos que pensemos que tais fatos sejam fruto da evolução natural da humanidade, teremos que considerar que a mão do homem encontra-se por trás desses acontecimentos. Defendo a ideia de que tais problemas se agravam de modo extraordinário por causa da ação dos psicopatas e de diversas outras pessoas que, sem desenvolver plenamente essa condição, adotaram uma "forma psicopática" de se relacionar com os demais. Os psicopatas representam a minoria da população mundial, porém são responsáveis por um grande rastro de destruição. Enquanto as pessoas "do mal" se unem ou colaboram entre si na busca de interesses comuns, as "do bem" tendem a se dissipar. Ficam acuadas, trancafiadas, perdem a sua função social e de organização e acabam por adoecer.

A "cultura da esperteza" também contribui para esse cenário. Deixa-nos confusos e, muitas vezes, faz com que fraquejemos na luta pelo bem. A nossa sociedade vem banalizando o mal e contribuindo para a inversão dos valores morais. Isso cria um terreno fértil para que os psicopatas se sintam à vontade no exercício de suas habilidades destrutivas. Todas essas questões são intrigantes e acabam por nos impor uma profunda revisão dos nossos conceitos sobre a vida em sociedade. E, nessa revisão, destaco a importância de cultivar um valoroso senso de consciência, pois somente ele é capaz de assegurar a nossa qualidade de vida e a do nosso planeta.

Excetuando-se raras circunstâncias, como surtos psicóticos (presença de delírios e alucinações), privações severas, efeito tóxico de drogas, instinto de sobrevivência ou a influência poderosa de autoridades tiranas, todas as pessoas que possuem consciência genuína são incapazes de matar, estuprar ou torturar outra pessoa de forma fria e calculada. Do mesmo modo, não conseguem roubar as economias de alguém, enganar de forma arbitrária seu parceiro afetivo por simples esporte e prazer, ou, ainda, por vontade própria, abandonar um filho recém-nascido em plena rua. Pense bem: quem de nós conseguiria cometer tamanha barbaridade? Ao contrário, sempre que ouvimos nos noticiários situações parecidas, imediatamente nos questionamos sobre o porquê dessas maldades. Os comentários do tipo: "Como pode uma mãe abandonar o filho na lixeira como um objeto qualquer?", "Você viu que crime bárbaro aquele homem cometeu sem, no entanto, mostrar arrependimento?", "Meu sócio acabou com a minha empresa, destruiu o meu casamento e, com a maior 'cara de pau', diz que não teve culpa!", são muito comuns no nosso cotidiano.

Embora tais fatos nos choquem como seres humanos normais, sem nenhuma sombra de dúvida, as mais perversas ações que lemos nos jornais e, implicitamente, atribuímos à "natureza humana" não são provenientes de uma natureza humana normal. Estaríamos nos insultando ou mesmo nos desmoralizando se presumíssemos que sim. Embora se mostre muito distante da perfeição, a natureza humana apresenta-se muito mais governada por um senso de responsabilidade e de interconectividade. Dessa forma, os horrores a que assistimos na televisão ou, às vezes, em nossa própria vida em hipótese nenhuma refletem a humanidade típica. Tais ações só são possíveis de ser realizadas por uma característica que foge totalmente à nossa natureza humana genuína, e essa particularidade é a frieza e a ausência completa de consciência.

Paradoxalmente, as pessoas do bem (que possuem uma consciência genuína) tendem a acreditar que todos os seres humanos são capazes de "falhas sombrias". Elas tendem a acreditar que todos nós, em situações bizarras, poderíamos nos transformar em assassinos cruéis de uma hora para outra. Essas pessoas de bom coração julgam que a teoria do lado "sombrio humano" parece algo mais democrático, menos condenável e, de certa forma, também menos alarmante. Acreditar que todos somos um pouco sombrios é mais fácil do que admitir a ideia real e perturbadora de que alguns seres humanos vivem permanentemente em uma insensibilidade moral absoluta.

Entre tapas e beijos

Laura, uma paciente, tem 31 anos e está se recuperando de um quadro depressivo. Nós duas estamos nos empenhando para que a vida dela seja menos cinza e volte a fazer sentido. Acompanhe um pouco de sua história, que pode passar totalmente despercebida e certamente nunca sairá nos noticiários da TV.

Aos 23 anos, no frescor de sua exuberância e beleza, ela era inteligente e estava prestes a se formar no curso de veterinária. Nessa época, conheceu Ricardo, um jovem e atraente administrador de empresas.

Ele se mostrou um grande amigo e demonstrava ter os mesmos interesses de Laura: cinema, praia, esportes, aventuras, MPB etc. Ricardo conversava sobre qualquer assunto e detalhava suas aventuras em conversas envolventes. Entre as suas histórias, também estavam os problemas: a tirania do pai, a mãe histérica que na infância o ameaçou com uma faca e sua saúde frágil. "Na época, os médicos lhe disseram que ele não teria uma vida muito longa, e Ricardo me contou tudo isso com lágrimas nos olhos", acrescentou Laura.

Aos poucos, Laura foi se envolvendo com as histórias tristes do rapaz e experimentou um sentimento dúbio de compaixão e atração. Ela sucumbiu aos encantos dele, uma grande paixão floresceu, e eles foram morar juntos.

Ricardo tinha uma carreira promissora numa empresa multinacional, mas não quis que Laura exercesse sua profissão. Ele gostava de vê-la bem vestida e bela, esperando-o para o jantar e com a casa impecável. "No início, eu até tentei argumentar que a veterinária era o meu grande sonho, mas acabei aceitando porque o amava verdadeiramente."

Certo dia, Laura encontrou um cãozinho abandonado e muito doente no meio da rua. Ela se sensibilizou e levou o cachorro para casa, a fim de tratar do animal. Ricardo teve um ataque de fúria e quis devolvê-lo para o mesmo lugar. Ela conseguiu persuadi-lo e cuidou do cão como se fosse um filho. Resolveu chamá-lo de Pituca. Com dois meses de tratamento e muito carinho, Pituca já esbanjava saúde, vitalidade e se tornara um vira-lata branco e peludo de dar inveja a qualquer cachorro de raça.

"Que bom que ele está curado, agora podemos colocá-lo na rua", disse Ricardo. "Mas como? Eu tenho o maior amor por ele! Não posso abandoná-lo, isso é desumano!" Ricardo não pensou duas vezes: deu vários pontapés no animal, colocou-o no carro e desapareceu com Pituca.

Perguntei se Laura sabia para onde ele havia levado o cãozinho. Aos prantos, ela respondeu: "Ele matou o Pituca! Disse que me amava demais e não queria me ver doente cuidando de um simples cachorro. Você consegue imaginar o que isso significou pra mim? Como é que ele foi capaz de fazer uma coisa dessas depois de eu ter cuidado do Pituca e nutrido tanto afeto por ele?".

Continuei indagando sobre o comportamento de Ricardo, desde a época em que eles se conheceram. "Lembro-me de que, quando namorávamos, o pai dele deixava alguns cheques em branco assinados para pagamentos das contas. Ricardo sempre preenchia valores muito mais altos que o necessário e ficava com o troco. Ele nunca escondeu isso de mim. Ao contrário, ria e comentava satisfeito que, apesar da valentia do pai, ele não tinha o menor controle da sua conta bancária", ela me disse, encabulada.

O relacionamento também sempre foi muito instável. Ora ele era extremamente delicado, romântico, mostrando-se orgulhoso em apresentar sua bela companheira aos amigos, ora muito agressivo e temperamental, tratando-a aos berros e com ameaças de "meter-lhe a mão". Mas, segundo Laura, invariavelmente ele pedia mil desculpas e a enchia de carinhos: "Puxa vida, não sei onde estava com a cabeça!", "Acho que estou muito estressado com as responsabilidades do trabalho", "Querida, você é tudo pra mim, a mulher mais linda do mundo!", "Isso nunca mais vai acontecer, eu prometo", "Procure me compreender, você sabe que eu tive uma infância muito difícil".

E Laura prosseguiu: "Ricardo também era extremamente ciumento e dizia que era por amor. Ficava furioso quando qualquer homem me olhava mais diretamente. Uma vez discutiu seriamente com um rapaz porque cismou que ele estava me paquerando. É lógico que sobrou pra mim também. Depois disso, fiquei me perguntando se a culpa realmente não tinha sido minha. Eu não sei... Ele me deixava completamente confusa...".

Quanto ao casamento e filhos, ele alegava que ainda não estava preparado e que ambos tinham uma vida pela frente. Cada vez que Laura tocava nesse assunto, ele dava a mesma desculpa ou ficava enfurecido.

"Mesmo amando Ricardo, há alguns anos eu pensei em fazer minhas malas e ir embora. Tivemos uma conversa séria e ele me respondeu que a vida dele estava em minhas mãos. Como ele não viveria muito tempo, decidiu que se mataria. Tremi da cabeça aos pés e voltei atrás na mesma hora."

Quando isso foi mencionado, questionei qual era a doença de que Ricardo sofria. "Eu nunca soube exatamente o que era. Ele não gostava de falar sobre isso e eu respeitava. No início do nosso namoro, tentei conversar com a mãe dele sobre o seu passado, mas parece que ela não entendeu muito bem o que eu queria dizer. Achei melhor não mexer num assunto tão delicado e, além disso, Ricardo parecia muito bem fisicamente. Ah... mas me lembro de ela ter dito que Ricardo não era exatamente o homem que eu merecia. Antes mesmo de eu dizer alguma coisa, ela mudou de assunto."

O tempo passou e Ricardo não precisou mais de Laura: trocou-a por uma mulher mais jovem e mais bonita. Ele simplesmente disse a Laura: "Precisamos nos separar. Você é muito ciumenta e estou me sentindo enjaulado". O mundo desmoronou sobre a cabeça dela! "Chorei muito sem compreender o que estava acontecendo. Será que eu fui ciumenta e possessiva durante esse tempo todo e não percebi? Esse era um comportamento dele, não meu!"

De lá para cá, Laura descobriu que ele teve várias amantes e que o discurso sobre a doença grave, as ameaças da mãe e o pai tirano era um grande engodo. Ao comentar sobre seu passado, Ricardo derramava lágrimas de crocodilo, tal qual o animal que lacrimeja quando engole suas presas.

Eu não tinha a menor dúvida: Ricardo era um homem mau, um predador afetivo. Laura havia sido apenas uma peça do seu jogo cruel. Ele tinha anulado os prazeres dela apenas para ser servido e para exibi-la, impecavelmente, como um objeto de vitória para alimentar seus instintos egocêntricos e narcisistas.

Agora eu precisava fazer com que Laura entendesse que espécie de homem era aquele com quem ela tinha convivido por sete anos. Era importante que Laura compreendesse que a separação, embora dolorosa, havia sido a melhor coisa que poderia ter lhe acontecido: ela se livrou de um mal enorme e, dali para a frente, poderia reconstruir sua vida.

Identificando os suspeitos

Ao falar sobre as mazelas de nosso mundo, certa vez, Einstein proferiu a seguinte frase: "O mundo é um lugar perigoso para viver, não exatamente por causa das pessoas más, mas por causa das pessoas que não fazem nada quanto a isso".

Se realmente quisermos fazer algo para reduzir o poder de destruição das pessoas impiedosas, temos, antes de tudo, que aprender a identificá-las. Decidir se alguém é digno de confiança requer conhecê-lo muito bem por determinado período de tempo, além de tentar obter o maior número possível de informações sobre sua vida pregressa. É claro que essas informações não devem e não podem se restringir às histórias contadas pela pessoa que você deseja conhecer ou com a qual pretende se relacionar. Se ela for um psicopata, provavelmente todas as suas histórias estarão "maquiadas" com o intuito de manipulá-lo no preparo cuidadoso para um posterior ataque predatório.

A história da vida de alguém é importantíssima, pois ninguém perde a capacidade de ser consciente de uma hora para outra. Por outro lado, nem sempre é fácil obtermos informações precisas ou confiáveis sobre pessoas que entram em nossa vida. Além disso, estamos permanentemente correndo riscos de conviver com alguém por muito tempo até chegarmos à conclusão de que se trata de uma pessoa sem nenhum tipo de sentimento nobre. Na maioria das vezes, se dependermos somente da convivência ou de informações pouco confiáveis, só nos daremos conta de que estamos diante de um psicopata quando nos depararmos com as inevitáveis perdas e os lamentáveis danos que essas criaturas podem provocar em nossa vida.

Nos próximos capítulos, tentarei esmiuçar ao máximo todas as facetas dos psicopatas. Mas, antes de chegarmos a essa etapa clínica sobre o comportamento dessas criaturas maléficas, eu gostaria de compartilhar com você, leitor, uma dica que julgo ser bastante preciosa: fique muito atento ao "jogo da pena" (do coitadinho).

Durante todos esses anos de exercício profissional, ouvi muitas histórias sobre psicopatia. Meus pacientes relataram (e até hoje o fazem) como essas criaturas invadiram, feriram e arruinaram sua vida. Em cada caso, foi possível identificar comportamentos suspeitos — uns mais característicos, outros menos; tudo varia muito de pessoa para pessoa —, no entanto, precisamente em todos pude identificar "o jogo da pena". A meu ver, esse é um dos recursos mais comuns e constantes das pessoas inescrupulosas. Muito mais que apelar para o nosso sentimento de medo, os psicopatas, de forma extremamente perversa, apelam para a nossa capacidade de ser solidários. Eles se utilizam de nossos sentimentos mais nobres para nos dominar e controlar. Os psicopatas se alimentam e se tornam poderosos quando conseguem nos despertar piedade. Esse tipo de alimento tem um efeito extraordinário de poder para essas criaturas, tal qual o espinafre para o personagem de Popeye dos desenhos infantis.

A piedade e a generosidade das pessoas boas podem se transformar em uma folha de papel em branco assinada nas mãos de um psicopata. Quando sentimos pena, estamos vulneráveis emocionalmente, e é essa a maior arma que eles podem usar contra nós!

A piedade, a compaixão e a solidariedade são forças para o bem quando direcionadas às pessoas que de fato merecem e precisam de tais sentimentos. No entanto, quando esses mesmos sentimentos são direcionados a pessoas que apresentam comportamentos inescrupulosos de forma consistente e repetitiva, temos que considerar isso como um aviso de que algo está muito errado. É um sinal de alarme que não podemos ignorar.

Se voltarmos à primeira história deste capítulo, observaremos que Carla se utilizou o tempo todo do "jogo da pena" com sua amiga Maria, mesmo não sendo nada camarada. Quanto a Ricardo, não foi diferente: Laura se envolveu e se apaixonou porque, a princípio, se compadeceu da dor dele (infância difícil e família desestruturada), e, posteriormente, com as falsas ameaças de suicídio. No entanto, nem Carla nem Ricardo nutriam sentimentos bons por ninguém e tampouco demonstraram sinal de arrependimento verdadeiro. Fizeram um apelo cruel à solidariedade das pessoas do seu convívio, deixando-as confusas e inseguras. E é justamente nesse momento, quando nos sentimos inseguros, que as pessoas de mau caráter acabam fazendo conosco o que bem querem.

Exemplo parecido com a situação de Laura e de seu truculento parceiro Ricardo pode ser observado naquela mulher que com frequência apresenta hematomas porque seu marido a espanca quase que diariamente. No entanto, ele sempre apela que a perdoe, pois seus "descontroles" são reflexos do excesso de amor que sente por ela. Além disso, ela deve entender a grande dificuldade dele em expressar carinho e afeto por causa das surras que levava do pai alcoólatra e que também espancava sua mãe!

Não caia nessa cilada! Todas essas são histórias com mero intuito manipulatório. Os psicopatas não levam em consideração as regras sociais, mas sabem muito bem como utilizá-las a seu favor, além de se divertirem e sentirem prazer com o nosso sofrimento.

ENTÃO NÃO SE ESQUEÇA

Quando tiver que decidir em quem confiar, tenha em mente que a combinação consistente de ações maldosas com frequentes jogos cênicos por sua piedade praticamente equivale a uma placa de aviso com um alerta. Pessoas cujos comportamentos reúnam essas duas características não são necessariamente assassinas em série ou mesmo violentas. No entanto, não são indivíduos com quem você deva ter amizade, relacionamentos afetivos, dividir segredos, a quem confiar seus bens, seus negócios, seus filhos e nem sequer deve oferecer abrigo a eles!

Para os psicopatas, as outras pessoas são meros objetos ou coisas, que devem ser usados sempre que necessário para a satisfação do seu bel-prazer.

4
PSICOPATAS
Uma visão mais
detalhada – Parte 1

Um grande e limitante problema em realizar pesquisas sobre os psicopatas é que elas, em geral, só podem ser feitas em penitenciárias, e isso é perfeitamente compreensível. Afinal, é muito difícil um psicopata subcriminal, ou seja, aquele que nunca foi preso ou internado em instituições psiquiátricas, falar espontaneamente sobre seus atos ilícitos. Na grande maioria das vezes, eles não possuem nenhum interesse em revelar algo significativo para os pesquisadores ou mesmo para os funcionários do presídio, e, quando o fazem, tentam manipular a verdade somente para obter vantagens, como a redução da pena por bom comportamento e colaborações de cunho social.

O primeiro estudo sobre psicopatas só foi publicado em 1941, com o livro *The mask of sanity* [A máscara da sanidade], de autoria do psiquiatra americano Hervey Cleckley. Na introdução do livro, Cleckley deixa claro que sua obra aborda um problema "muito conhecido, mas ao mesmo tempo ignorado pela sociedade como um todo". Ele cita diversos casos de pacientes que apresentavam um charme acima da média, uma capacidade de convencimento muito alta e ausência de remorso ou arrependimento em relação às suas atitudes.

Com base nos estudos de Cleckley, o psicólogo canadense Robert Hare (professor da University of British Columbia) dedicou anos de sua vida profissional reunindo características comuns de pessoas com esse tipo de perfil, até conseguir montar, em 1991, um sofisticado questionário denominado escala Hare e que hoje se constitui no método mais confiável na identificação de psicopatas.

Com esse instrumento, o diagnóstico da psicopatia ganhou uma ferramenta altamente fidedigna que pode ser aplicada por qualquer profissional da área de saúde mental, desde que esteja bastante familiarizado e treinado para sua aplicação. A escala Hare também recebe o nome de *psychopathy checklist*, ou PCL, e sua aceitação e relevância têm levado diversos países a utilizá--la como um instrumento de grande valor no combate à violência e na melhoria ética da sociedade.

O PCL examina, de forma detalhada, vários aspectos da personalidade psicopática, desde os ligados aos sentimentos e relacionamentos interpessoais até o estilo de vida dos psicopatas e seus comportamentos evidentemente antissociais (transgressores).

Atenção! O PCL é uma complexa ferramenta cuja utilização clínica somente deve ser feita por profissionais ou instituições qualificados. O que me proponho a apresentar neste e no próximo capítulo são apenas as características-chave que sinalizam o perfil psicopático, com exemplificações práticas e de fácil entendimento. A simples identificação de alguns sintomas não é suficiente para a realização do diagnóstico da psicopatia. Muitas pessoas podem ser sedutoras, impulsivas, pouco afetivas ou até mesmo terem cometido atos ilegais, mas nem por isso são psicopatas.

Aspectos ligados aos sentimentos e relacionamentos interpessoais

Superficialidade e eloquência

Os psicopatas costumam ser espirituosos e muito bem articulados, com uma conversa divertida e agradável. Geralmente contam histórias inusitadas, mas convincentes em diversos aspectos, nas quais eles são sempre os mocinhos. Não economizam charme nem recursos que os tornem mais atraentes no exercício de suas mentiras. Para algumas pessoas, eles se mostram suaves e sutis, como os galãs da TV e do cinema.

Quando não temos conhecimento sobre a personalidade dos psicopatas, podemos ser enrolados por suas histórias improváveis. Entre outras razões, isso ocorre pela habilidade deles em se informar sobre os mais diversos assuntos. Se forem realmente testados por verdadeiros especialistas, revelam, porém, a superficialidade de seu conteúdo. Eles tentam demonstrar conhecimento em diversas áreas, como filosofia, arte, literatura, sociologia, poesia, medicina, psiquiatria, psicologia, administração e legislação e usam e abusam dos termos técnicos, passando credibilidade aos menos avisados.

Outro sinal muito característico desse comportamento é a total falta de preocupação ou constrangimento que eles apresentam ao ser desmascarados como farsantes. Não demonstram a menor vergonha caso sejam flagrados em suas mentiras. Ao contrário, podem mudar de assunto com a maior tranquilidade ou dar uma resposta totalmente fora do contexto. Esses tipos de psicopata são muito comuns no mercado de trabalho como um todo, fingindo ser profissionais qualificados sem nunca ter colocado os pés numa faculdade.

Você se lembra da história de Rafael, descrita no final do segundo capítulo? Como vimos, ele conseguiu facilmente conquistar Andréa, com suas piadas interessantes e também quando descreveu com detalhes suas viagens à Europa. Mas, na realidade, tudo o que Rafael sabia sobre o Velho Continente era informação adquirida pela internet, por livros ou documentários da TV. Até mesmo para posar de advogado ele precisou lançar mão de vocabulários e expressões pertinentes a essa profissão. Em suma: Rafael conversava sobre temas diversos e se sentia um sabichão, porém não tinha profundidade em nada. Ele apenas "passeava" por vários assuntos — o suficiente para embromar suas vítimas e conseguir o que desejava. Era um profissional da lorota.

Egocentrismo e megalomania

Os psicopatas possuem uma visão narcisista e supervalorizada de seus valores e importância. Eles se veem como o centro do universo e tudo deve girar em torno deles. Pensam e se descrevem como pessoas superiores aos outros, e essa superioridade é tão grande que lhes dá o direito de viver de acordo com suas próprias regras. Para os psicopatas, matar, roubar, estuprar, fraudar etc. não é nada grave. Embora saibam que estão violando os direitos básicos dos outros, por escolha, reconhecem somente as suas próprias regras e leis. Além disso, são extremamente hábeis em culpar as outras pessoas por seus atos, eximindo-se de qualquer responsabilidade. Para eles, a culpa sempre é dos outros.

Esse egocentrismo e essa megalomania muitas vezes fazem com que eles sejam vistos como arrogantes, metidos e auto-confiantes. Têm mania de grandeza e fascínio pelo poder e pelo controle sobre os outros.

Os psicopatas não sentem nenhum embaraço em relação a dívidas contraídas, pendências financeiras ou mesmo problemas de ordem legal ou pessoal (brigas, espancamento de companhei-ras). De forma indiferente, eles encaram todos os problemas que estejam vivenciando apenas como transitórios, falta de sorte, infidelidade de amigos ou derivados de um sistema econômico e social injusto coordenado por pessoas incompetentes.

Em virtude de seu egocentrismo e de sua megalomania, os psicopatas demonstram notável falta de interesse por uma educação direcionada a uma carreira ou qualificação específica. Isso porque julgam possuir habilidades diversas e excepcionais que lhes permitirão se tornar o que quiserem ser na vida. Os psicopatas empreendedores sempre pensam grande e costumam arriscar alto, mas, toda vez que isso ocorre, pode ter certeza de que o dinheiro arriscado é de outra pessoa, ou melhor, de mais uma de suas vítimas.

Isabela nasceu em Santa Maria, no Rio Grande do Sul. Desde pequena apresentava uma beleza incomum, que despertava a atenção de todos. Aos dezesseis anos, foi chamada para ser modelo e iniciou uma carreira de sucesso que a levou para Nova York já aos dezenove. Lá, Isabela conheceu Miguel, brasileiro e modelo como ela. Miguel era de fato muito bonito; no entanto, o que mais a atraiu foi o jeito cativante, simples e espontâneo dele. Em pouco tempo, Isabela chamou Miguel para morar em seu apartamento. Ela gostava da companhia do jovem, entendiam-se bem na cama e ele demonstrava ser um cara muito legal.

A convivência, contudo, começou a revelar que Miguel tinha um ego um pouco avantajado. Ele falava muito, mas somente sobre si mesmo — sobre seus projetos, suas preferências, sua carreira, seus talentos, seus dotes físicos, seu charme e suas fãs. Não demonstrava nenhum interesse pelas coisas de Isabela. Nas poucas vezes em que ela reclamava com Miguel sobre o seu egocentrismo, ele se justificava dizendo que precisava se valorizar, pois sua família sempre o havia subestimado.

Isabela, então, tentava compreender Miguel, mas ele sempre voltava a agir da mesma forma. Só usava roupas de grife, ainda que isso custasse o seu salário inteiro. Limitava-se a dizer que, quando fechasse um grande contrato de publicidade, restituiria a Isabela todo o dinheiro que ela estava utilizando para manter a casa e os prazeres deles (restaurantes, teatros, shows e viagens).

Após um ano dessa convivência íntima, Isabela já estava cansada de ouvi-lo falar sobre sua própria beleza, sua superioridade profissional, os megacontratos que estavam prestes a ser assinados e os milhões de dólares que pretendia gastar com roupas e joias. Quando Isabela perguntava sobre suas dívidas, seus títulos protestados e seus créditos cancelados, ele dizia que tudo passaria em breve e que todos aqueles problemas eram decorrentes de falta de sorte, de muita inveja e da traição de seus colegas de trabalho.

A gota d'água para Isabela foi quando, após um desfile, ela sentiu uma forte dor no abdômen e desmaiou. Foi levada ao serviço de emergência de um hospital, onde diagnosticaram apendicite aguda. Em poucas horas, foi submetida a uma intervenção cirúrgica e permaneceu hospitalizada por três dias. Miguel telefonou e disse que não poderia vê-la, em função de um grande trabalho, mas prometeu pegá-la em sua alta.

Isabela recebeu alta às onze horas de uma sexta-feira e aguardou Miguel até as 14h15, quando resolveu pegar um táxi, com a ajuda de uma das enfermeiras do hospital. Ao chegar em casa, amparada pelo porteiro do prédio, ela deu de cara com Miguel assistindo tranquilamente a um filme. Ao notar a presença dela, ele se limitou a dizer: "Você precisa ver esse filme. O ator principal se parece muito comigo!".

Isabela não chegou a ver o filme, mas, assim que se recuperou totalmente da cirurgia, terminou a relação com Miguel e aceitou um convite, de fato irrecusável, para trabalhar em Milão. A última notícia que ela teve de Miguel é que se tornou um ator de filme pornô.

Ausência de sentimento de culpa

Os psicopatas mostram uma total e impressionante ausência de culpa em relação aos efeitos devastadores que suas atitudes provocam nas outras pessoas. Os mais graves chegam a ser sinceros sobre esse assunto: dizem que não possuem sentimento de culpa, que não lamentam pelo sofrimento que causaram em outras pessoas e que não conseguem ver nenhuma razão para se preocuparem com isso. Na cabeça dos psicopatas, o que está feito, está feito, e a culpa não passa de uma ilusão utilizada pelo sistema para controlar as pessoas. Por sinal, eles (os psicopatas) sabem utilizar a culpa contra as pessoas de bem e a favor deles com impressionante maestria.

Os psicopatas são capazes de verbalizar remorso (da boca pra fora), mas suas ações são capazes de contradizê-los rapidamente. Uma das primeiras coisas que eles aprendem é a importância da palavra *remorso* e como devem elaborar um bom discurso para demonstrar esse sentimento. Com essa habilidade de racionalizar (criar razões para) seus comportamentos, eles se isentam de responsabilidade em relação às suas atitudes. Inventam "desculpas elaboradas" capazes de mexer profundamente com os sentimentos nobres de pessoas de bom coração, as quais eventualmente podem vir a sentir pena dessas criaturas tão maquiavélicas.

Pedro Rodrigues Filho, o "Pedrinho Matador", é um *serial killer* que afirma com orgulho ter matado mais de cem pessoas — inclusive seu próprio pai, com 22 facadas, e do qual tirou parte do coração. Na Penitenciária do Estado, em São Paulo, ele é temido e respeitado pela comunidade carcerária. Na primeira vez em que matou, Pedrinho tinha apenas catorze anos, e nunca mais parou. Com vários crimes nas costas, Pedro Rodrigues foi preso aos dezoito anos, em 1973, e continuou matando dentro da própria prisão. É considerado o maior homicida da história do sistema prisional, e diz que só na cadeia já matou 47 pessoas. Mata sem misericórdia simplesmente porque não vai com a cara do sujeito ou por considerá-lo uma pessoa "ruim". Pedrinho sabe que matar é errado e não se diz arrependido, mas justifica seus atos como algo que vem de família: pais e avós também foram matadores. Para "Pedrinho Matador", tirar a vida de alguém é somente mais um trabalho bem-sucedido. E, para que ninguém se esqueça do que é capaz, tatuou no braço a frase: "Mato por prazer". Depois de 34 anos preso, Pedrinho foi libertado, mas recapturado, em 2011.[4]

Ausência de empatia

Empatia é a capacidade de considerar e respeitar os sentimentos alheios. É a habilidade de se colocar no lugar do outro, ou seja, de vivenciar o que a outra pessoa sentiria caso estivéssemos na situação e na circunstância experimentadas por ela. Somente pela definição do que é empatia, já fica claro que esse não é um sentimento capaz de ser experimentado por um psicopata. Para os psicopatas, as outras pessoas são meros objetos ou coisas que devem ser usadas sempre que necessário ao seu bel-prazer. Os psicopatas zombam dos mais sensíveis e generosos. Para eles, essas pessoas não passam de uma gente fraca e vulnerável, e, por isso mesmo, são seus alvos preferidos.

A falta de empatia apresentada pelos psicopatas é geral. Eles são indiferentes aos direitos e sofrimentos de seus familiares e de estranhos do mesmo modo. Caso demonstrem possuir laços

---

4. Revista *Época*, ed. 259, 5 maio 2003; Revista *Ciência Criminal — Especial Mentes Criminosas*, 2007; Portal R7 Vídeos: "Exclusivo: Marcelo Rezende entrevista criminoso que matou mais de cem pessoas". Acesso em 11 jun. 2012.

mais estreitos com alguns membros da família (cônjuge, filhos), certamente é pelo sentimento de possessividade, e não pelo amor genuíno.

Não se esqueça: os psicopatas são incapazes de amar; eles não possuem a consciência genuína que caracteriza a espécie humana. Gostam de possuir coisas e pessoas; logo, é com esse sentimento de posse que se relacionam com o mundo e com as pessoas. Em razão dessa incapacidade em considerar os sentimentos alheios, os psicopatas mais graves são capazes de cometer atos que, aos olhos de qualquer ser humano comum, não só seriam considerados horripilantes, mas também inimagináveis. Esses psicopatas graves são capazes de torturar e mutilar suas vítimas com a mesma sensação de quem fatia um suculento filé-mignon. Felizmente, eles são a minoria entre todos os psicopatas. Nos chamados leves e moderados, a indiferença em relação aos outros também está presente, porém ela emerge de forma menos intensa, mas ainda devastadora para a vida das vítimas e da sociedade como um todo.

Elvira, mãe de três filhos, sempre teve muito trabalho com Antônio, o mais velho. Ele foi o seu primeiro filho e também o primeiro neto de seus pais. A mãe de Elvira faleceu quando Antônio ainda tinha meses de idade e, na ocasião, Arthur, o pai de Elvira, foi morar com ela. Arthur sempre foi um avô muito dedicado e tratava Antônio como se fosse o filho que ele não teve. Não conseguia admitir que Antônio fosse diferente das demais crianças. Desde cedo, o menino se mostrava agressivo, indiferente, maltratava os animais que o avô lhe dava e sempre mentia para obter vantagens em relação aos irmãos e colegas.

Aos 23 anos, Antônio não trabalhava e vivia folgadamente da mesada do avô. Elvira e seu esposo não concordavam com essa rebeldia de Antônio nem com os mimos de Arthur. Mas o avô sempre preferiu agradá-lo para que não ficasse mais revoltado nem tivesse rompantes de fúria.

Quando Arthur adoeceu, vitimado por um derrame cerebral, precisou ficar internado no CTI por quatro meses, até falecer. Durante todo esse período, Antônio nunca visitou o avô no hospital e nem sequer perguntava sobre o estado de saúde dele.

Elvira estava em casa preparando o almoço quando recebeu a notícia da morte de seu pai. Ela sentou e começou a chorar compulsivamente. Antônio viu a cena e se limitou a dizer: "Mãe, para de chorar e anda logo que eu *tô* com pressa. Não é porque o vovô morreu que a senhora vai deixar de me servir o almoço".

Mentiras, trapaças e manipulação

Antes de qualquer coisa, temos que considerar que todo mundo mente — uns mais, outros menos. O filósofo e psicólogo americano David Livingstone Smith afirma que a mentira "branca" é normal e até necessária. Em seu livro *Por que mentimos*, Smith descreve que todos mentimos de forma consciente ou inconsciente, verbal ou não verbal, declarada ou não declarada. Segregamos o "engano" não somente por meio de palavras como também pelo nosso corpo (um sorriso falso, por exemplo). A mentira é um ato espontâneo que permeia todos os setores da nossa vida, seja para não magoarmos uma pessoa querida, como forma de boas maneiras, ou até mesmo para desfrutarmos de alguns ganhos. A não ser em situações de extrema necessidade, as pessoas comuns e decentes mentem apenas de forma ocasional, sem maiores consequências, ato perfeitamente justificável sob o ponto de vista moral.

Temos que distinguir, porém, a mentira corriqueira da mentira psicopática. Os psicopatas são mentirosos contumazes, mentem com competência (de forma fria e calculada), olhando nos olhos das pessoas. São tão habilidosos na arte de mentir que, muitas vezes, podem enganar até mesmo os profissionais mais experientes do comportamento humano. Para os psicopatas, a mentira é como se fosse um instrumento de trabalho, utilizado de forma sistemática e motivo de grande orgulho.

Flavio Josef, professor do instituto de psiquiatria da UFRJ que participou de uma matéria no *Jornal do Brasil* no dia 3 de setembro de 2006, declarou que, ao perguntar a um psicopata se era fácil enganar alguém, o sujeito respondeu com enorme felicidade: "É moleza".

Mentir, trapacear e manipular são talentos inatos dos psicopatas. Com uma imaginação fértil e focada sempre em si próprios, os psicopatas também apresentam uma surpreendente indiferença à possibilidade de serem descobertos em suas farsas. Se forem flagrados mentindo, raramente ficam envergonhados, constrangidos ou perplexos; apenas mudam de assunto ou tentam refazer a história inventada para que ela pareça mais verossímil.

Eles se gabam de suas habilidades em mentir, e podem fazê-lo sem nenhuma justificativa ou motivo. Essa habilidade, muitas vezes, é potencializada pela facilidade de associarem a linguagem verbal à corporal (gestos e expressões) na elaboração de suas mentiras, dando-lhes um apelo teatral. Nesse cenário de enganação, os psicopatas são, ao mesmo tempo, roteiristas, atores e diretores de suas histórias improváveis.

É muito importante também destacar outro recurso utilizado por essas criaturas na "arte" da mentira. Alguns psicopatas mais experientes são tão especialmente hábeis em mentir que se utilizam de pequenas verdades para ganhar credibilidade em seus discursos. A coisa funciona mais ou menos assim: eles admitem alguns deslizes que cometeram de fato apenas para que as pessoas de bem se confundam e pensem da seguinte maneira: "Sejamos razoáveis: se 'fulano' está admitindo seus erros, é bem provável que ele esteja falando a verdade sobre as demais histórias". Por isso, é preciso muita observação, conhecimento de seu passado e um pouco de distanciamento emocional para não se deixar enganar com facilidade por um psicopata.

Em 1995, no Museu Nacional de Belas-Artes, no centro do Rio do Janeiro, houve uma exposição do escultor francês Auguste Rodin que atraiu grande público para a visitação. As filas de entrada, principalmente nos últimos dias, eram enormes e lotavam as ruas mais próximas ao museu, fazendo o público esperar por longas horas. César, querendo ver a exposição e sem a menor vontade de permanecer na fila, não titubeou: sem nenhum constrangimento ou embaraço, paramentou-se de óculos escuros, uma bengala na mão e fingiu-se de cego, o que lhe conferiu o direito de entrar na frente de todos. No interior do museu, ele teve um guia exclusivo à sua disposição, que o conduziu por todas as obras e salões da exposição. Enquanto o guia cuidadosamente descrevia com detalhes a história de cada obra de arte, César ainda pôde, por tempo indeterminado, tocar as esculturas, além de vê-las (é claro) sem que os outros percebessem.

Às gargalhadas e tomado por uma soberba absoluta, César contou essa história aos amigos, vangloriando-se de como foi fácil enganar os organizadores do evento e obter um tratamento VIP. Relatou com deboche, descaso e prazer que todos não passavam de uns otários: desde os responsáveis pela exposição e seu guia até a multidão que esperava por sua vez do lado de fora.

Pobreza de emoções

Os psicopatas apresentam uma espécie de "pobreza emocional" que pode ser evidenciada pela limitada variedade e intensidade de seus sentimentos. Eles são incapazes de sentir certos tipos de sentimento, como o amor, a compaixão e o respeito pelo outro.

Por vezes, podem nos confundir ao apresentar episódios emocionais dramáticos, fúteis e de curta duração. No entanto, se observarmos com mais cautela, constataremos que esses episódios não passam de pura encenação.

Muitas vezes, os psicopatas querem convencer as pessoas de que são capazes de vivenciar fortes emoções, porém eles nem sequer sabem diferenciar as nuances existentes entre elas. Confundem amor com pura excitação sexual, tristeza com frustração e raiva com irritabilidade.

Muitos psiquiatras afirmam que as emoções dos psicopatas são tão superficiais que podem ser consideradas algo bem similar ao que denominam de "protoemoções" (respostas primitivas às necessidades imediatas).

Para a grande maioria das pessoas, o medo está associado a uma variedade de sensações físicas desagradáveis, tais como suor nas mãos, coração acelerado, boca seca, tensão muscular, tremores e até náuseas e vômitos. Porém, para os psicopatas, essas sensações físicas não fazem parte do que eles experimentam como medo. Para eles, o medo, como a maioria das emoções, é algo incompleto, superficial, cognitivo por natureza (apenas um conceito de linguagem) e não está associado a alterações corporais.

Alguns presidiários identificados como psicopatas foram submetidos à visualização de cenas de conteúdo chocante. Esse conjunto de imagens editadas mostrava, entre outras coisas, corpos decapitados, torturas com eletrochoques, crianças esquálidas com moscas nos olhos e gritos de desespero. Enquanto as pessoas comuns ficariam arrepiadas e com reações físicas de medo só de imaginar tais situações, esses psicopatas não apresentaram sequer variação dos batimentos cardíacos.

Dois brasileiros, o neuropsiquiatra Ricardo de Oliveira-Souza e o neurorradiologista Jorge Moll, desenvolveram um teste denominado Bateria de Emoções Morais (BEM), que utiliza tecnologia de ressonância magnética funcional (RMf). Esse teste tem por objetivo verificar como o cérebro dos indivíduos se comporta quando eles fazem julgamentos morais que envolvem emoções sociais positivas, como arrependimento, culpa e compaixão. De forma diversa das emoções primárias — como o medo ou a raiva que compartilhamos com os animais —, as emoções sociais positivas são mais sofisticadas e exclusivas da espécie humana: são elas que orquestram relações interpessoais harmônicas.

Os resultados desse estudo demonstraram que, diferentemente das pessoas comuns, os psicopatas apresentam atividade cerebral reduzida nas estruturas relacionadas às emoções em geral. Em contrapartida, revelaram aumento de atividade nas regiões responsáveis pela cognição (capacidade de racionalizar). Assim, pôde-se concluir que os psicopatas são muito mais racionais do que emocionais.

Voltando ao medo: trata-se de uma emoção primária (inata) e necessária para a nossa sobrevivência. Além disso, ele também nos impede de tomar certas atitudes das quais poderíamos nos arrepender ou, ainda, pode nos favorecer a agir de maneira correta pelo temor das consequências futuras. De uma forma ou de outra (impedindo ou estimulando comportamentos), o medo é capaz de despertar, na grande maioria das pessoas, o que chamamos de "consciência emocional" das consequências de nossos atos. Se considerarmos que os psicopatas não possuem essa emoção, eles simplesmente seguem seu caminho, fazem suas escolhas e agem como bem entendem. É importante frisar que eles *sempre sabem* qual é a consequência das suas atitudes transgressoras; no entanto, não dão a mínima importância para isso.

Um psicopata, quando perde o controle, sabe exatamente até onde quer ir para magoar, amedrontar ou machucar uma pessoa.

5
PSICOPATAS
Uma visão mais
detalhada – Parte 2

No capítulo anterior, destaquei as características referentes aos sentimentos e relacionamentos interpessoais dos psicopatas. Aqui, o objetivo é focar e descrever os aspectos condizentes com o estilo de vida e o comportamento antissocial (transgressor) dessas criaturas.

Aspectos referentes ao estilo de vida e ao comportamento antissocial (transgressor)

Impulsividade

A impulsividade apresentada pelos psicopatas visa sempre alcançar prazer, satisfação ou alívio imediato em determinada situação, sem nenhum vestígio de culpa ou arrependimento. Para se ter ideia dessa impulsividade de natureza tão primitiva e destruidora, cito a história descrita no livro *Without conscience* [Sem consciência], do psicólogo canadense Robert Hare:

Um presidiário psicopata, considerado grave pela avaliação do dr. Hare, certo dia estava a caminho de uma festa e resolveu comprar um engradado de cerveja. Ao perceber que havia esquecido sua carteira com o dinheiro em casa, simplesmente pegou um pedaço de madeira robusto e assaltou o posto de gasolina mais próximo, deixando o funcionário gravemente ferido.

Imagine por um minuto que você está na mente de um psicopata. Lembre-se de que suas ações sempre têm como objetivo a obtenção de prazer e autossatisfação imediatos. Por meio desse raciocínio, qual seria a sua reação caso algo ou alguém representasse um obstáculo para você? Se você pensou em tirar todas as "pedras" do caminho, sem pensar nas consequências, acertou!

Agora, analise comigo o caso específico do presidiário citado. Ao esquecer a carteira em casa, o seu prazer (comprar cerveja) ficou momentaneamente ameaçado, concorda? Assim, impulsivamente e de forma agressiva, ele atacou o frentista do posto de gasolina apenas para atingir o seu objetivo.

Dessa forma, esses seres impulsivos tendem a viver o momento presente (o aqui e o agora), buscando sempre a satisfação imediata dos seus próprios desejos, sem nenhuma preocupação com o futuro.

Autocontrole deficiente

A maioria de nós possui o que denominamos controle arbitrário sobre nossos comportamentos. Assim, mesmo que por vezes tenhamos vontade de responder agressivamente a provocações, acabamos não agindo dessa forma, em função de sermos capazes de exercer nosso autocontrole.

Os psicopatas apresentam níveis de autocontrole extremamente reduzidos. São denominados "cabeça quente" ou "pavio curto" por sua tendência a responder às frustrações e às críticas com violência súbita, ameaças e desaforos. Eles facilmente se ofendem e se tornam violentos por trivialidades ou motivos banais. Apesar de a explosão de agressividade e a violência serem intensas, elas ocorrem em um curto espaço de tempo, após o qual os psicopatas voltam a se comportar como se nada tivesse ocorrido.

Quando um psicopata apresenta uma explosão de fúria, chegamos a pensar que teve um ataque súbito de loucura. Mas não se iluda: ele sabe exatamente o que está fazendo. Suas demonstrações de agressividade, ao mesmo tempo que são intensas na expressão, são pobres na emoção. Rapidamente eles se recompõem, até porque lhes falta a verdadeira emoção vivenciada pelas pessoas comuns quando estas perdem a cabeça.

Um psicopata, quando perde o controle, sabe exatamente até onde quer ir para magoar, amedrontar ou machucar uma pessoa. Apesar de tudo isso, recusa-se a admitir que tenha problemas em controlar seu temperamento. Ele descreve seus episódios agressivos como uma resposta natural à provocação a que foi submetido. Daí a se colocar como vítima de toda a situação é um passo muito pequeno!

Lembro-me de Ângela, uma paciente cujo namorado (Fernando) tinha todos os indícios de ser um psicopata. Entre os diversos relatos que ela me fez, destaco o ataque de fúria que ele teve com o porteiro de seu prédio. Ele estacionou o carro na garagem ocupando o espaço destinado a duas vagas. Quando o porteiro gentilmente solicitou que ele manobrasse a fim de ocupar apenas uma vaga, Fernando, aos berros, xingou-o e, com um golpe, quebrou o braço do homem. Fernando subiu para o apartamento de Ângela e, como se nada tivesse acontecido, degustou tranquilamente o vinho que ela acabara de servir. Simples assim! Dispensável falar das consequências disso tudo.

Necessidade de excitação

Os psicopatas são intolerantes ao tédio ou a situações rotineiras. Eles buscam situações que possam mantê-los em um estado permanente de alta excitação. Por isso, apreciam viver no limite, no conhecido "fio da navalha". Nessa busca desenfreada, muitas vezes envolvem-se em situações ilegais, agressões físicas, brigas, desacatos a autoridades, direção perigosa, uso de drogas, promiscuidade sexual etc. Frequentemente mudam de residência e emprego na busca de novas situações que os excitem. Em função disso, dificilmente encontraremos um psicopata exercendo atividades que demandam estabilidade e alta concentração por longos períodos.

Muitos psicopatas procuram, nos atos perigosos, proibidos ou ilegais que praticam, o suspense e a excitação que tais atos provocam. Para eles, tudo isso não passa de mero prazer e diversão imediatos, sem nenhuma outra conotação.

Roberto, um jovem de classe média alta, e mais dois colegas foram pegos em flagrante ateando fogo em um mendigo que dormia numa praça da cidade. Na delegacia, Roberto declarou que eles estavam voltando de uma festa e resolveram "zoar" com as pessoas que encontrassem na rua. No entanto, ao se depararem com o mendigo roncando no banco da praça, alegaram ter feito apenas uma brincadeira: "A gente só queria se divertir", complementou Roberto. Dois dias depois, ao ser informado de que o mendigo havia falecido, Roberto se limitou a dizer: "Foi mal".

Falta de responsabilidade

Para os psicopatas, obrigações e compromissos não significam absolutamente nada. A sua incapacidade de serem responsáveis e confiáveis se estende para todas as áreas de sua vida. No trabalho, apresentam desempenho errático, com faltas frequentes, uso indevido dos recursos da empresa e violação da política da companhia. Nas relações interpessoais, não honram compromissos formais ou implícitos com as outras pessoas. Por isso, não acredite em acordos escritos ou verbais com eles, pois nunca os cumprirão por completo. Talvez o façam parcialmente, no início do acordo, apenas para impressionar e ganhar a confiança de suas vítimas. Mas uma coisa é certa: mais cedo ou mais tarde eles aprontarão!

Quando a questão é família, o comportamento deles também segue o mesmo padrão de indiferença e irresponsabilidade. Quando constituem famílias (cônjuges e filhos), os psicopatas não o fazem por sentimentos amorosos, mas como um instrumento necessário para construir uma boa imagem perante a sociedade.

Conheci uma psicopata que utilizava o próprio filho (recém--nascido) para vender drogas em um ponto muito bem frequentado da Zona Sul do Rio de Janeiro. Em um dia frio, saindo de um restaurante, ouvi o choro forte de um bebê que estava no colo de uma mulher e me aproximei, na tentativa de oferecer algum auxílio: ele estava faminto e febril. De repente, a mulher disse, de forma ríspida, para eu me afastar porque estava atrapalhando o seu "trabalho". A poucos metros dali, pude observar um grupo de jovens comprando drogas que ela retirava de dentro da roupinha do bebê. Antes de ir embora, passei novamente por ela, que me disse com frieza e indiferença: "Ele tem que me ajudar a trabalhar; os policiais não revistam bebês!".

Em geral, os psicopatas afirmam, com palavras bem colocadas, que se importam muito com sua família (pai, mãe, irmãos, filhos), mas suas atitudes contradizem totalmente o discurso deles. Não hesitam em usar seus familiares e amigos para se livrarem de situações difíceis ou tirar vantagens. Quando dizem que amam ou demonstram ciúme, na realidade têm apenas um senso de posse, como com qualquer objeto. Eles tratam as pessoas como coisas que, quando não servem mais, são simplesmente descartadas.

Problemas comportamentais precoces

Otávio sempre foi um menino difícil e diferente das outras crianças. Desde os seis anos de idade, seus pais achavam que ele não era uma criança normal. Não foram poucas as travessuras na infância do menino. Ele era uma verdadeira peste e não se importava com os sentimentos de ninguém: parecia se divertir quando machucava o irmãozinho mais novo ou quando torturava o gatinho da avó. Quando repreendido pelos pais por seu comportamento cruel contra o irmão, ele simplesmente dizia: "Eu só estava treinando boxe". Quanto ao gato, Otávio o colocou inúmeras vezes no congelador para testar se ele realmente tinha sete vidas.

Na escola, as dificuldades não eram menores: inteligente, mas encrenqueiro, detestava fazer as tarefas escolares e só estudava como manobra para receber recompensas dos pais.

Na adolescência, Otávio abandonou os estudos, e seus pais não tiveram mais nenhum controle sobre ele. Envolvia-se em brigas, usava drogas, roubava o carro do pai para participar de "pegas" e deu vários golpes em parentes e amigos, utilizando cheques com assinaturas falsas e cartões de crédito deles.

Desde a infância, seus pais procuraram diversos profissionais, como psicólogos, neurologistas e psiquiatras, até receberem a triste notícia de que Otávio era um psicopata. Hoje, com 25 anos, ele cumpre pena por tráfico de drogas e nunca demonstrou nenhum arrependimento pelos seus atos.

Os psicopatas começam a exibir problemas comportamentais sérios desde muito cedo, tais como mentiras recorrentes, trapaças, roubo, vandalismo e violência. Apresentam também comportamentos cruéis contra os animais e outras crianças, que podem incluir seus próprios irmãos, bem como os coleguinhas da escola.

Vale a pena destacar que crianças e adolescentes com perfil psicopático costumam realizar intimidações (assédio psicológico) contra pessoas pertencentes aos seus grupos sociais. E quando isso acontece no ambiente escolar, pode caracterizar a ocorrência de um fenômeno denominado *bullying*.

Bullying pode ser definido como um conjunto de atitudes agressivas, intencionais e repetitivas que ocorrem sem motivação evidente, adotado por um ou mais alunos contra outros. Os mais fortes utilizam os mais frágeis como meros objetos de diversão e prazer, cujas "brincadeiras" têm como propósito maltratar, intimidar, humilhar e amedrontar, causando dor, angústia e sofrimento às vítimas. O líder do grupo agressor (o "valentão" ou "tirano") costuma ser o indivíduo que apresenta características compatíveis com a personalidade psicopática.

Como ilustração desse problema que se instala nas escolas de todo o mundo, cito um caso extraído do livro *Bullying: mentes perigosas nas escolas*, de minha autoria:

Alberto sempre foi um menino difícil e diferente das outras crianças. Desde muito cedo, seus pais perceberam que ele era muito mais levado do que uma criança normal. Extremamente desafiador, bastava ser contrariado que partia para travessuras perigosas. Certo dia, ao ser repreendido pela mãe, não vacilou: enquanto ela estava distraída, chamou o irmão mais novo e, na frente dele, ligou a torradeira e colocou a pata do cachorrinho da família ali dentro. Enquanto o animalzinho gemia de dor e o irmão chorava diante da cena, Alberto ria e caçoava: "Deixa de ser babaca, seu imbecil! Tá parecendo uma menininha mimada!". Seus pais gritaram com Alberto e deixaram-no de castigo no quarto pelo resto do dia. Calculadamente, o garoto desmontou um apontador de lápis e fez da lâmina uma navalha improvisada. Retalhou o colchão do irmão mais novo durante o período de castigo. Naquela época, Alberto ainda não havia completado onze anos, e essas atitudes tão requintadas eram, no mínimo, preocupantes.

Inteligente, sem dúvida, nos colégios Alberto nunca apresentou problemas de repetência, mas era briguento, irrequieto, indisciplinado e displicente. Sentava-se no fundo da sala e contava com uma turminha que o admirava e fazia o que o "mestre" mandava: xingar, bater e intimidar os mais frágeis, de forma sistemática, dentro da sala de aula, no pátio ou nos corredores do colégio.

É importante destacar que ninguém vira psicopata da noite para o dia: eles nascem assim e assim permanecem durante toda a sua existência. Os psicopatas apresentam, em sua história de vida, alterações comportamentais sérias desde a mais tenra infância até os seus últimos dias, revelando que, antes de tudo, a psicopatia se traduz numa maneira de ser, existir e perceber o mundo.

Comportamento transgressor no adulto

Praticamente todas as sociedades se estabeleceram com base em normas e regras a partir das quais é pautado o comportamento de seus membros, o que garante à maioria deles a obediência às normas gerais a fim de evitar as punições advindas de suas transgressões. Assim, cada indivíduo tem assegurados seus direitos e deveres, de modo a proporcionar um mínimo de harmonia na convivência em grupo. Caso contrário, a convivência entre os humanos tenderia a uma total anarquia, prevalecendo simplesmente a "lei do mais forte".

Os psicopatas não apenas transgridem as normas sociais como também as ignoram e as consideram meros obstáculos, que devem ser superados na conquista de suas ambições e de seus prazeres. Tais leis e regras sociais não despertam nos psicopatas a mesma inibição que produzem na maioria das pessoas. Por isso observamos que, na trajetória de vida desses indivíduos, o comportamento transgressor e antissocial é uma constante.

Pesquisas têm constatado que a aparição precoce do comportamento antissocial (na infância e na adolescência) é um forte indicador de problemas transgressores e criminalidade no adulto. Vale ressaltar que o psicopata sempre revelará ausência de *consciência genuína* perante as demais pessoas: ele é incapaz de amar e nutrir o sentimento de empatia, e jamais deixará de apresentar comportamentos antissociais; o que pode mudar é a forma de exercer suas atividades ilegais durante a vida (roubos, golpes, desvio de verba, estupro, sequestro, assassinato etc.). Em outras palavras, a maioria dos psicopatas não é *expert* numa atividade criminal específica: eles transitam pelas mais diversas categorias de crimes, o que Hare denomina *versatilidade criminal*.

Finalizando este capítulo, eu gostaria de deixar claro que os psicopatas não são os únicos indivíduos a levar a vida de forma transgressora. Muitos criminosos possuem algumas das características descritas nos dois últimos capítulos. No entanto, eles se mostram capazes de sentir culpa, remorso, empatia, bons sentimentos por outras pessoas e, por isso mesmo, não são considerados psicopatas. O diagnóstico de psicopatia somente pode ser feito quando o indivíduo se encaixa, de forma significativa, nesse perfil, ou seja, quando possui a maioria dos sintomas aqui apresentados.

Os psicopatas não vão ao trabalho; vão à caça.

6
OS PSICOPATAS NO
MUNDO PROFISSIONAL

Identificar psicopatas fora das prisões e dos manicômios judiciários é uma empreitada bastante difícil. Eles estão por toda parte, e, no dia a dia, é possível encontrá-los em diversas categorias profissionais. Em particular, em organizações e empresas públicas ou privadas. Estas costumam se constituir em um cenário favorável para a peculiar maneira de agir de tais indivíduos. Sem nenhuma sombra de dúvida, o papel de liderança em cargos como diretor, gerente, supervisor ou executivo é sempre algo muito atraente para um psicopata. Esses cargos, além de oferecerem bons salários, proporcionam status social, poder e um amplo território de atuação e influência.

A ação dos psicopatas nas organizações empresariais

Sérgio tinha 42 anos quando foi promovido a supervisor-geral na empresa em que trabalhava havia dezoito anos. Sempre foi um funcionário do tipo "caxias": nunca poupou esforços para cumprir seus prazos e sempre esteve à frente de seus colegas de trabalho, lutando por melhores oportunidades para todos e para a companhia.

Iniciou sua carreira na empresa ainda recém-formado e cresceu com ela, superando seus próprios limites e enfrentando com seriedade todas as crises do mercado. Agora estava ali, no posto que tanto havia batalhado para conseguir. A empresa lhe disponibilizou carro, uma secretária exclusiva e um assistente que exerceria sua função anterior: gerência geral. Ele mesmo fez questão de selecionar o novo parceiro-funcionário cujo trabalho daria seguimento ao seu.

Marcos chegou à entrevista na hora exata e, em poucos minutos, Sérgio percebeu que ele seria a pessoa certa para o cargo. Marcos era jovem, tinha 28 anos, ótima aparência, boa fluência verbal e uma inteligência que impressionou Sérgio. Apesar de sua pouca idade, narrou de forma segura e minuciosa seus inúmeros méritos e suas experiências profissionais. Num rompante de entusiasmo e fascinado pelas qualidades profissionais de Marcos, Sérgio o contratou imediatamente.

Pobre Sérgio: cometeu um lastimável engano! Pouco tempo depois, começou a amargar o mais profundo arrependimento. A partir de então, passou a checar se as informações fornecidas por Marcos em seu currículo eram verídicas. Comprovou que a maioria das qualificações de seu novo funcionário era fraudulenta. Marcos, a essa altura, já se mostrara uma pessoa arrogante, insolente e deveras ambiciosa.

Aquela pessoa que, ao primeiro contato, prometia ser um excelente profissional realmente surpreendeu, mas de forma oposta. Logo após algumas semanas de trabalho, começou a se queixar da secretária de Sérgio sem nenhum motivo concreto. Dona Rosana era reconhecidamente uma pessoa muito confiável e responsável. No entanto, Marcos provocou uma cena de puro exibicionismo e expôs a fiel secretária a uma humilhação pública, chamando-a de incompetente, burra e lenta na frente dos demais funcionários.

Logo depois desse episódio, Marcos começou a faltar às reuniões com os seus subordinados e, consequentemente, às de Sérgio também. Para tais faltas, sempre apresentava desculpas pouco convincentes e sem nenhum constrangimento por isso.

Sérgio não tardou a desconfiar de que Marcos estava desviando dinheiro da empresa na forma de percentuais de venda destinados aos gerentes subordinados. Quando foi questionado sobre o assunto, Marcos se limitou a responder, de forma evasiva, que não tinha a menor noção do que se tratava.

A situação já estava insustentável quando Sérgio procurou o presidente da empresa para relatar os fatos. No entanto, foi recebido com indiferença e ainda foi obrigado a ouvir do presidente uma série de elogios ao jovem e inteligente Marcos.

Por fim, foi comunicado que retornaria ao seu cargo anterior e que Marcos assumiria imediatamente a função de supervisor-geral da empresa.

Os psicopatas costumam agir com tato e habilidade no cenário empresarial, assim como observamos no caso apresentado. Segundo Robert Hare, o número de psicopatas burocratas ou de "colarinho-branco" é significativo em cargos de liderança e chefias. Por ser difícil reconhecê-los no início, eles costumam tiranizar seus colegas de trabalho, e alguns chegam até a causar grandes prejuízos financeiros para as empresas em que trabalham.

Paul Babiak, psicólogo norte-americano especializado em recursos humanos, realizou um importante estudo por meio do qual demonstrou as táticas utilizadas por psicopatas no meio corporativo. Ele os denominou "cobras de terno", por suas ações cínicas, inescrupulosas e antiéticas na disputa por altos cargos, salários e poder. Segundo Babiak, os psicopatas em ambientes empresariais costumam adotar um plano tático que pode ser resumido em cinco fases:

Fase 1 – Ingresso na empresa

Esta fase corresponde basicamente à entrevista de emprego. Na ocasião, o candidato psicopata mostra-se cativante, seguro e charmoso. Utiliza-se de todo o seu arsenal sedutor com o objetivo claro de impressionar o entrevistador da forma mais positiva possível.

Fase 2 – Estudo do território (avaliação)

Nesta etapa o psicopata já se encontra empregado. Procura então descobrir, da forma mais rápida possível, quem são as pessoas que possuem voz ativa na empresa. Logo em seguida, trata de construir relações pessoais, de preferência íntimas, com esses funcionários influentes.

Fase 3 – Manipulação de pessoas e fatos

De forma intencional, espalha falsas informações para que ele seja visto de forma positiva e os outros, de maneira negativa perante as chefias. Semeia desconfiança entre os funcionários, jogando uns contra os outros. Disfarça-se de amigo, contando aos colegas sobre outros que o difamaram. Estabelece contato individual com as pessoas, mas evita reuniões ou situações nas quais precise se posicionar perante todo o grupo. Mantém-se "camuflado" para levar adiante a estratégia de ascensão ao poder.

Fase 4 – Confrontação

Nesta fase, os psicopatas "de terno e gravata" abandonam as pessoas que haviam cortejado anteriormente e que não são mais úteis à sua ascensão profissional. Num requinte de maldade, utilizam a humilhação como arma para manter suas vítimas em silêncio. Dessa forma, as pessoas que mais foram exploradas são aquelas que menos se dispõem a falar sobre suas experiências.

Fase 5 – Ascensão

Tal qual num jogo de xadrez, esta é a hora do xeque-mate, a hora do golpe fatal. Após colocar líderes e chefias uns contra os outros, o psicopata "de terno e gravata" toma o lugar do seu superior, que geralmente é demitido ou rebaixado de cargo e função.

É importante lembrar que a ausência de *consciência* e de *medo* torna essas pessoas potencialmente ardilosas e perigosas. Para elas, infringir as normas e externar seus desejos agressivos e predatórios sem nenhum escrúpulo ou culpa são atitudes naturais e, por isso mesmo, isentas de qualquer autocrítica.

Empresas e instituições psicopáticas

Não podemos esquecer que a forma como as empresas são estruturadas também pode colaborar para que indivíduos com comportamento egocêntrico e inescrupuloso alcancem cargos de chefia e poder. Nos tempos atuais, algumas empresas crescem tão rapidamente que são obrigadas a mudanças constantes de funcionários e cargos.

Nesse cenário, as intrigas e as falcatruas dos psicopatas podem ser dissimuladas por muito tempo. São as políticas de crescimento baseadas na teoria de que os fins justificam os meios. Na ânsia de crescerem muito no menor espaço de tempo, muitas empresas acabam adoecendo também e perdem seus alicerces. Assim, tendem a incorporar em seus quadros de funcionários pessoas que combinam com suas adoecidas estruturas. Reforça-se assim o estilo inescrupuloso no ambiente corporativo.

Entretanto, empresas que adotam uma estrutura administrativa baseada em confiança e responsabilidade mútuas também podem se deparar com problemas semelhantes, uma vez que não adotem uma vigilância rígida sobre seus funcionários. Se por um lado tal postura produz um ambiente profissional com maior liberdade, o que pode ser muito positivo para a maioria das pessoas, por outro, a mesma liberdade pode se construir em um terreno fértil em que os psicopatas "de colarinho-branco" costumam florescer.

Em tempos de globalização econômica, a competitividade entre as empresas pode adquirir dimensões extremas, ocasionando crises nos mais diversos setores empresariais. Nesses cenários, mudanças precisam ser realizadas em tempo hábil. As empresas mais bem-estruturadas e com visão estratégica de médio e longo prazo tendem a reunir forças em seus próprios funcionários com o objetivo de encontrar novas e criativas alternativas que as façam transcender suas limitações e retornar à rota do crescimento sólido e duradouro sem perder seus valores primordiais. Já as empresas com fraca estruturação administrativa e filosófica tendem, em situações emergenciais, a supervalorizar soluções mágicas e imediatas baseadas em profissionais que "encarnam" o papel de salvador da pátria.

Nessas empresas, o profissional que possui ou representa bem valores como força, capacidade de persuasão e controle das emoções rapidamente entrará em alta, pois, à primeira vista, suas características são interpretadas como vantagens preciosas no mundo empresarial.

Um psicopata pode facilmente fingir incorporar tais características e, ao utilizá-las de forma carismática e manipuladora, fazer uma carreira longa e de sucesso em empresas com estruturas deficientes no aspecto material, ideológico e/ou ético.

Por tudo o que foi exposto, é fundamental, no campo profissional, analisarmos de forma crítica e cética o que pode estar por trás de um belo e suntuoso currículo.

A presença de psicólogos qualificados e bem-treinados nas empresas pode ser um diferencial muito bem-vindo quando se trata de separar o joio do trigo no campo profissional. Isso porque as pessoas que têm que tomar decisões sobre a contratação de funcionários nem sempre estão adequadamente capacitadas e treinadas para enfrentar as habilidades de manipulação e convencimento dos psicopatas. Assim, deve-se atentar para as seguintes dicas:

→ Desconfie de um currículo ostensivo.

→ Repare se ele apresenta inúmeras mudanças de cargo em curtos espaços de tempo.

→ Solicite ao setor de Recursos Humanos que faça contato com seu último empregador.

→ Na entrevista com o candidato, elabore perguntas habilidosas que possam aferir a veracidade das informações contidas no currículo.

A psicopatia nas diversas profissões

Os psicopatas não vão ao trabalho; vão à caça.

Como observamos na primeira parte do capítulo, no mundo corporativo, a ação dos psicopatas pode ser comparada à de animais ferozes na busca implacável do poder e do domínio sobre o maior número de pessoas possível, assim como os grandes predadores fazem na demarcação dos seus territórios.

A grande maioria dos psicopatas utiliza suas atividades profissionais para conquistar poder e controle sobre as pessoas. Essas ocupações podem auxiliá-los ainda na camuflagem social, pois acabam por diferenciá-los daqueles que levam uma vida francamente marginal, como os delinquentes mais perigosos. Muitos se camuflam em pessoas responsáveis por trás de sua profissão. Nesse contexto, podemos encontrar policiais que dirigem redes de prostituição, juízes que cometem os mesmos delitos que os réus — mas no julgamento os condenam com argumentações jurídicas impecáveis —, banqueiros que disseminam falsos boatos econômicos no mundo das finanças. Também fazem parte do grupo alguns líderes de seitas religiosas que abusam sexualmente de seus discípulos, ou ainda políticos e homens de Estado que só utilizam o poder em proveito próprio. Estes últimos costumam representar grandes perigos pelo tamanho do poder que são capazes de deter.

No capítulo 7, trataremos com detalhes sobre a relação entre psicopatia e poder, e examinaremos alguns exemplos muito conhecidos.

Também considero importante destacar, neste tópico, a presença dos psicopatas em casos de pedofilia — abuso sexual contra crianças ou pré-púberes (menores de catorze anos). Para realizarem essa perversidade, os psicopatas se camuflam em profissões que permitam aproximar-se de crianças. São professores, chefes de escoteiros, treinadores esportivos, pediatras, religiosos que atuam em colégios, entre dezenas de profissões que exigem contato com crianças. Todas essas atividades profissionais apresentam uma aura socialmente reconhecida como sendo nobres e educativas. O psicopata pedófilo usa, de forma premeditada, essa artimanha para acercar-se de suas vítimas sem despertar suspeitas.

O caso do médico Eugênio Chipkevitch, um dos pediatras mais conceituados do Brasil e detentor de um currículo invejável, ilustra essa constatação de forma bastante didática. Em 2002, o médico ucraniano, naturalizado brasileiro e especializado em psicoterapia infantojuvenil, foi detido sob a acusação de abusar sexualmente de seus jovens pacientes. A sordidez de suas táticas abusivas foi detalhada em quase quarenta fitas de vídeo, que teriam sido gravadas pelo próprio médico em seu consultório. Após conquistar a confiança de seus pacientes, o médico aplicava-lhes injeções com sedativos e depois abusava sexualmente deles.

Ao ser detido, Chipkevitch agiu de forma indiferente e, sem nenhum constrangimento, admitiu ser ele o médico que aparecia nas fitas. Conseguiu até, de forma afável e tranquila, oferecer cafezinho aos policiais que vasculharam seu apartamento em busca de provas.

O perfil psicopático do médico pode ser observado em alguns aspectos: a perversidade do ato em si, o requinte ritualístico de dopar as vítimas e filmá-las e a sua indiferença afetiva em relação a toda a situação.

A maneira como o médico escondeu o lado obscuro de sua vida revela um talento inquestionável para mentir e manipular. Tal fato gerou perplexidade, inclusive, em seus próprios colegas de trabalho: "Eu o conheço desde 1985. É um médico muito conceituado e não consigo acreditar nisso", declarou a psicopedagoga Maria Aparecida Casagrandi.[5]

Chipkevitch foi condenado a mais de cem anos de prisão e cumpre pena no presídio de Sorocaba 2, no interior de São Paulo, onde está a maioria dos criminosos sexuais.

Quem poderia desconfiar que, por trás do respeitado médico, se escondia um monstro? Chipkevitch era um lobo em pele de cordeiro.

---

5. Revista *Veja*, ed. 1.744. 27 mar. 2002.

"Não existe governo corrupto em uma nação ética."

— Leandro Karnal em entrevista a Lázaro Ramos, para o programa Espelho, ep. 25, do Canal Brasil, exibido em 29 ago. 2016.

7
PSICOPATAS
NO PODER

A relação entre psicopatia e poder é algo tão frequente que podemos recorrer a ditos populares para exemplificar a intimidade, quase sempre promíscua, que essa parceria é capaz de produzir. "Como insetos em volta da lâmpada"; "aonde vai a corda, vai a caçamba"; "casal sem vergonha"; "queijo com goiabada" e até mesmo a desoladora expressão "política é assim mesmo". Seja em sentido figurado, seja no literal, uma coisa é certa: onde houver poder, lá estarão os psicopatas com seu desejo insaciável de dominar, subjugar e manipular as pessoas para obterem o máximo de vantagens individuais.

Andrew Lobaczewski, psiquiatra polonês, é autor de um livro totalmente dedicado a esse tema cujo título é *Ponerologia: psicopatas no poder*. Essa obra de importância singular foi fruto de três décadas de pesquisa sobre a psicopatia essencial e seu papel devastador no âmbito macrossocial. A ponerologia pode ser considerada uma nova ciência que tem por objeto o estudo e o entendimento da gênese da maldade das sociedades e dos grupos humanos.

A obra de Lobaczewski deixa claro que somente os psicopatas no poder são capazes de reunir os seguintes aspectos no trato com a coisa pública: ausência de senso de culpa por suas ações antissociais, incapacidade de amar verdadeiramente e tendência à eloquência como prática de desvio e manipulação das questões realmente importantes para um povo e seu país.

A psicopatia aliada a altos níveis de poder é a única justificativa possível para entendermos os verdadeiros genocídios produzidos por determinados políticos e seus aliados. Um exemplo bastante ilustrativo dessa relação é Hitler, que foi capaz de atrocidades perversas e inclassificáveis "em nome do bem" do povo alemão. Mas ele não está sozinho nessa lista de horror. Como veremos adiante, muitos outros políticos do século XX fizeram a fama nefasta dessa combinação perigosa e com alto potencial destruidor, tanto no sentido ideológico quanto nos sentidos ético e psicológico.

Nelson Rodrigues, o renomado cronista dos costumes brasileiros, dizia: "Se os homens de bem tivessem a ousadia dos cafajestes, o mundo seria um lugar bem melhor de se viver". Ao falar dos cafajestes presentes na sociedade de forma geral, certamente ele não se referia aos psicopatas, pelo menos no sentido estrito e científico da palavra. No entanto, sua afirmação guarda em si uma verdade explícita e incômoda ao mesmo tempo. Ainda hoje, em pleno século XXI, a maioria das pessoas tem grande dificuldade em admitir que os psicopatas de fato existem e que carregam consigo a essência da maldade e perversidade humana. E isso implica uma verdadeira disparidade, pois, apesar de eles serem minoria absoluta entre a população mundial, conseguem impor suas vontades e disseminam seus efeitos nefastos por toda a sociedade, seja esta estruturada sob alicerces democráticos ou ditatoriais.

A política é um dos meios mais propícios para a ação dos psicopatas. Poucas atividades oferecem tanto poder, status e oportunidades de manipulação. E isso não é uma exclusividade dos nossos tempos. A história da humanidade está repleta de casos em que o exercício do poder se fez quase que exclusivamente com fins bem diversos dos que os de servir aos interesses do povo ou da nação.

A ocupação com a coisa pública abre uma série de portas para que uma personalidade psicopática possa ser exercida com plenitude. Destaco a seguir, entre diversas características desse funcionamento social, as que mais se adequam ao exercício vão e irresponsável do poder.

Superficialidade e eloquência

É relativamente fácil observar em discursos públicos e em propagandas políticas o quanto os candidatos, ou mesmo políticos em pleno exercício de seus cargos, gostam de falar. Nessas horas, não economizam recursos de sedução para propagarem suas mentiras e promessas vãs. Por vezes chegam mesmo a utilizar tom dramático com o nítido intuito de atribuir credibilidade a situações francamente enganosas ou a promessas impossíveis de serem cumpridas.

Para a maioria dos políticos e detentores do poder das coisas públicas, a verdade é um substantivo sem qualquer compromisso com a realidade. Fazer promessas enganosas para a população parece ser algo natural e aceitável para os indivíduos que ocupam ou pretendem ocupar tais cargos.

Se observarmos com atenção e com um mínimo de conhecimento e bom senso, constataremos que os políticos costumam proclamar textos repletos de termos técnicos e expressões vazias e dramáticas. Eles fazem isso com o objetivo de transmitir credibilidade à boa parcela da população que não detém informações adequadas que a impeça de ser levada por promessas ilusórias.

O que mais chama a atenção nessa forma superficial e eloquente dos políticos se expressarem é a total falta de coerência entre o que eles dizem e o que praticam no dia a dia, seja em sua vida profissional, seja na pessoal.

Egocentrismo e megalomania

De forma geral, políticos adoram falar de si e de seus grandiosos feitos. Eles colocam em prática uma espécie de automarketing com tanta naturalidade que só os olhos mais atentos enxergam a dose de exagero em sua realidade e a falta de autocrítica, a qual chega a ser constrangedora. Não podemos nos esquecer de que políticos são funcionários públicos e, por isso mesmo, têm a obrigação de servirem aos interesses do povo e da nação, a quem prestam serviços remunerados. Desta maneira, seus feitos não passam de obrigações trabalhistas condizentes com seus ofícios e, como tais, os resultados pertencem ao país e ao seu povo, e não aos seus currículos particulares.

Ausência de empatia e de sentimento de culpa. Utilização recorrente de mentiras e trapaças, manipulação e falta de responsabilidade

Para a maioria de nós, chega a ser constrangedor observar como os políticos se mostram indiferentes ao sofrimento explícito da população para a qual prestam serviços de forma muito bem remunerada. A ausência de políticas públicas realmente comprometidas com a educação, a saúde e o bem-estar geral de grande parte da população em diversos países do mundo atesta o *modus operandi* de uma parcela significativa dos políticos e gestores públicos.

O envolvimento em esquemas sofisticados de corrupção e crimes como lavagem de dinheiro, formação de quadrilha, evasão de divisas, peculato, desvio de recursos de obras públicas, envio ilegal de dinheiro ao exterior, crime contra a administração pública etc. demonstra o quanto muitos indivíduos se aproveitam de seus cargos políticos ou públicos apenas para favorecerem seus próprios e inescrupulosos interesses. E, para realizar tais feitos sórdidos, esses políticos psicopatas utilizam-se de toda espécie de mentiras, trapaças e manipulações sem qualquer sentimento de culpa ou vestígio de empatia por milhares de pessoas que deixam de ter suas necessidades essenciais atendidas.

A total falta de responsabilidade na gestão dos negócios públicos, por exemplo, com o desvio de recursos destinados a obras públicas ou seu abandono sem qualquer respeito ao cronograma preestabelecido e às reais necessidades do povo, comprova a tendência psicopática de inúmeros políticos. Para os políticos psicopatas, obrigações e compromissos não significam absolutamente nada. Simples assim!

Como vimos até aqui, os psicopatas no poder são capazes de produzir grandes estragos e ocasionar perdas para a população, que fica à mercê de seus interesses escusos. Ainda mais assustador e inconsequente é o exercício do poder pelos políticos psicopatas em tempos de guerra, seja entre nações ou internamente. Em tempos de conflito, os líderes psicopatas são responsáveis por atrocidades criminosas inimagináveis e estratégias bélicas fora de qualquer regra ou convenção internacional. De maneira fria e calculista, transformam-se em criminosos de guerra sem qualquer vestígio de empatia, culpa ou arrependimento. Agem sob a justificativa simplista e enganosa de que os "fins justificam os meios".

No entanto, o que está em jogo não são os interesses da nação, como gostam de argumentar, inclusive citando como exemplo clássico o escritor Maquiavel e seu livro *O príncipe*. O personagem de Maquiavel defende o uso de vários recursos legais, e também não legais, para a manutenção do poder porém sem nunca deixar de beneficiar a nação e seu povo. Já o político psicopata subverte todas as leis e regras sem qualquer constrangimento com o único objetivo de ser ele o único ou o maior beneficiário desse tipo de atuação. Ele se vale do discurso "em nome do interesse do povo" apenas para ludibriar a massa por ele seduzida e manipulada e atingir seus reais objetivos.

Entre os políticos que se utilizaram de conflitos bélicos para justificar e exacerbar suas políticas psicopáticas mais cruéis, destaco Stálin, Hitler, Pol Pot, Pinochet e Saddam Hussein.

Os políticos tiranos da humanidade

Antes de analisar o comportamento de cada um desses líderes que mancharam de sangue a história da humanidade, gostaria de destacar que muitos autores já escreveram sobre esses tiranos. E, infelizmente, alguns deles atribuíram genialidade a seus feitos e, até mesmo, tentaram justificar suas tenebrosas ações recorrendo à sua infância difícil e a seus sentimentos de exclusão, frutos de uma sociedade injusta e desigual. Consigo entender em parte a postura de tais biógrafos; no entanto, deixo claro a minha total discordância com esse tipo de visão atenuante frente às perversidades cometidas por esses nefastos líderes políticos. Afinal, se todas as pessoas que tiveram famílias claramente disfuncionais ou que sofreram rejeições ou exclusões sociais se tornassem tiranos cruéis, egocêntricos e megalomaníacos, certamente a humanidade já teria sido extinta. Consequentemente, eu não estaria aqui escrevendo este livro, e vocês não estariam aí com ele em mãos.

Por mais difícil que seja acreditar na existência do mal na forma de pessoas aparentemente comuns, a ciência e a própria história da humanidade revelaram que os psicopatas não são humanos em sua essência. Apesar de serem uma minoria absoluta no mundo, eles são capazes de causar destruição e sofrimento em massa, não por seu contingente numérico, mas sim por sua habilidade e obsessão em ocupar posições de poder nas mais diversas áreas da organização social. E quando essa área é a política, o que deveria ser a "arte ou ciência de governar" se transforma na sofisticada e destemida prática de seus mais sórdidos desejos de poder, status e diversão.

É importante destacar ainda que um único psicopata no topo do poder não seria capaz de se manter nesse patamar por muito tempo e nem mesmo de provocar uma verdadeira catástrofe humanitária, como foi o caso de Hitler e de Stálin. Para que situações dramáticas como os episódios que levaram à ditadura nazista na Alemanha e stalinista na Rússia tenham ocorrido, toda uma estrutura psicopática teve de servir de apoio, estímulo e sustentáculo para que esses tiranos conseguissem eliminar e ensanguentar milhares de pessoas, tanto em seus países, quanto em outras nações.

Parafraseando o ditado popular: um psicopata incomoda muita gente, mas são necessários muitos para que uma nação inteira funcione sob seus valores amorais. Para que uma estrutura psicopática se instale em um país, estado ou mesmo município, são necessários líderes psicopatas, idolatria a um desses líderes exercida por uma parcela da população e também um bom número de psicopatas mais primitivos, ou seja, aqueles que literalmente sujam suas mãos de sangue para torturar ou matar pessoas que são contrárias ao sistema comandado e orquestrado pelos padrões psicopáticos.

O *modus operandi* dos políticos psicopatas é sempre o mesmo, estejam eles em um sistema ditatorial ou democrático. A única diferença é que, em uma democracia, a divisão de poderes e o voto popular, em tese, cerceiam a ganância e a tirania dos poderosos. Falo em tese pois, como brasileira, observo que o regime democrático restabelecido há mais de trinta anos ainda não foi capaz de criar mecanismos de fato eficientes contra a corrupção desmedida e a irresponsabilidade administrativa com as coisas públicas por parte dos grupos políticos dominantes desde a redemocratização.

Não irei usar exemplos de políticos psicopatas do Brasil atual. Mas, acreditem em mim: a maneira como eles atuam é sempre a mesma. O que poderá mudar isso é a conscientização da massa. Não existem salvadores da pátria, nem superpolíticos com soluções fáceis e mágicas. Nas ditaduras, o nível de maldade dos psicopatas poderosos é ilimitado ou inimaginável, e, nas democracias, é modulado de acordo com o entendimento e o engajamento do povo contra essa espécie de câncer da política.

Desta forma, os exemplos aqui destacados e analisados são apresentados com certa riqueza de fatos e realizações que permitem ao leitor perceber que, no fundo, todos os políticos psicopatas são iguais no modo como almejam, assumem e exercem o poder. Ou seja, em essência, são animais predadores, egocêntricos e megalomaníacos, em busca de seus banquetes. Como células cancerosas, criam uma vascularização exclusiva para se nutrirem. E, ao fazerem isso, matam de fome e de inanição todas as outras células do corpo. É exatamente assim que os psicopatas no poder agem.

Stálin: o homem de aço

Nascido Ióssif Djugashvili em 1879, em Gori, uma pequena cidade da Geórgia, Stálin passou os primeiros anos de vida em uma casa desprovida de qualquer conforto e que também funcionava como a oficina de sapateiro de seu pai, Bessarion. Ele era um sapateiro beberrão e irresponsável que tinha o hábito de surrar a mulher e o filho sem qualquer motivação específica, e por quem Stálin tinha ódio declarado. Depois de perder seu pequeno negócio em consequência de sua rotina de trabalho totalmente errática, Bessarion passou a trabalhar como operário em uma fábrica de couro. Em 1890, morreu apunhalado em uma briga de bar depois de sair do trabalho.

A mãe de Stálin, Ketevan Geladze, que era afetuosa e preocupada com o futuro do seu filho, trabalhava duro como costureira e lavadeira para que ele um dia pudesse estudar em uma conhecida escola religiosa na cidade – e ela o conseguiu. Mais tarde, o rapaz seguiu seus estudos em Tíflis, tornando-se um seminarista. O sonho de Ketevan era que o filho se tornasse padre, o que infelizmente, para milhões de pessoas, acabou não acontecendo. Segundo Vivian Green, em seu livro *As loucuras dos reis*, pouco antes de morrer em 1936, a mãe de Stálin disse: "Que pena você nunca ter se tornado padre".

Os sentimentos de Stálin por sua mãe eram, no mínimo, contraditórios. Algumas pessoas afirmam que ele tinha por ela uma certa devoção, mas nunca foi possível aferir verdadeiros indícios de uma sincera afeição. Provavelmente, Stálin tinha uma pequena consideração por Ketevan por ela ter sido a responsável por seus estudos e sustento até ele se tornar um político poderoso. Se fosse pela vontade do pai, Stálin teria sido um operário de fábrica desde muito cedo.

Creio que a tão exaltada relação de amor entre Stálin e sua mãe não passou das diversas propagandas difundidas de maneira eficaz entre a massa. E isso ficou evidente quando Ketevan morreu: Stálin nem sequer compareceu ao funeral da mãe e não permitiu que uma cruz fosse colocada sobre seu túmulo, apesar de saber que este era o desejo dela, que sempre fora uma fervorosa e devotada católica.

No seminário, o jovem Stálin consumia com fervor os escritos que, na época, circulavam entre o movimento clandestino da Rússia. Também mostrava um desprezo explícito pelas autoridades religiosas e via Lênin como um equivalente espiritual: duro, implacável e sem piedade. Sem concluir seus exames finais, Stálin deixou o seminário e adotou um dogma: o leninismo, que era radicalmente oposto ao dogma cristão. Formava-se, então, o agitador político radical. Em pouco tempo, o obstinado Stálin ascendeu da condição de rebelde prisioneiro político à de secretário do Partido Comunista. Após trair seu mestre Lênin, aproveitou-se de sua morte e, por meio de articulações espúrias, tornou-se chefe de Estado. Nesse momento, Stálin emergiu como um político frio, egocêntrico e autossuficiente, que tratava seus opositores com imensurável perversidade. Ele deu início, então, a uma eliminação extensa e cruel de todos os que se interpunham no seu caminho e também das pessoas que ele julgava, sem qualquer evidência, que pudessem atrapalhar sua escalada ilimitada de poder no território russo.

Calcula-se que pelo menos 5 milhões de pessoas tenham sido exterminadas pela tirania de Stálin. Para se ter uma ideia de sua psicopatia explícita, em um único dia no mês de dezembro de 1938, Stálin assinou 3.182 sentenças de morte.

A imagem disseminada entre o povo mostrava um Stálin bondoso, paternal, afetuoso com as crianças, de gostos e hábitos simples, que fumava seu cachimbo em momentos de pura reflexão e tomadas de decisão para o bem do povo e prosperidade justa e plena da nação. Sem qualquer sombra de dúvida, Stálin foi um grande manipulador e estrategista que se valeu dos métodos mais brutais e impiedosos para varrer de seu caminho qualquer ameaça aos seus planos excêntricos, narcisistas e megalomaníacos de permanência no poder.

As principais características de um psicopata estão presentes na personalidade de Stálin. Ele era um homem cognitivamente inteligente e capaz de saber o que fazer e o porquê de suas ações, uma vez que não sofria de qualquer tipo de delírio ou alucinação. Comportava-se de forma totalmente racional e egocêntrica. Manipulava as pessoas, convencendo-as de que suas atitudes tinham como objetivo a defesa do interesse delas próprias e da nação. Não possuía qualquer vínculo de afeto com seus familiares ou amigos, e tinha uma vida sexual impessoal e superficial. Era incapaz de sentir culpa por seus atos ou compaixão e empatia por outrem.

Nesse contexto de ausência de compaixão afetiva, Stálin deixou que seu filho Yakov morresse como prisioneiro do Exército nazista ao não aceitar trocá-lo por um soldado alemão em poder dos russos. Yakov, depois de meses de prisão e submetido às mais diversas torturas e humilhações, atirou-se contra uma cerca de arame farpado eletrificada e agonizou alguns minutos até sua morte, que foi devidamente fotografada pelos nazistas, e a foto enviada a Stálin. Ao vê-la, o tirano não esboçou qualquer sentimento e, de forma fria e cruel, mandou prender a esposa de seu filho morto, por ser a mulher de um traidor que não morreu lutando pela revolução russa.

Stálin morreu em 1952, vítima de um derrame cerebral. O homem de aço, como ele mesmo se intitulou, deixou um legado triste de ser contado. Foi um homem com um comportamento que contradizia os ideais que ele dizia seguir: foi agente infiltrado da polícia czarista e, por isso, recebia privilégios na prisão e dinheiro das autoridades; bebeu com nazistas e dividiu a Polônia com Hitler; matou de fome milhões de camponeses russos e nada fez a favor dos operários, em nome dos quais dizia fazer a revolução.

Na minha visão, em nenhum estágio de sua carreira política, Stálin foi de fato um idealista da dialética marxista. Tudo que sempre quis e almejou foi o mais irrestrito poder e, para esse fim, dedicou toda a sua vida. Stálin, um homem de aço que manchou a história da política humana com horror e sangue. Esse foi o seu infeliz legado.

Hitler: a teatralidade psicopática

A trajetória política de Adolf Hitler se assemelha, pelo menos em essência comportamental, às de Stálin e de Mussolini. Os três juntos impuseram à humanidade ditaduras cruéis que resultaram em uma grande explosão de miséria e guerra sem qualquer paralelo na história da espécie humana. Eram embriagados pelo poder, obcecados em impor suas vontades sobre seus governados e não tinham qualquer limite para eliminar toda e qualquer pessoa que não aceitasse ou enaltecesse suas ideias e regras. A busca obsessiva e a conservação a qualquer custo do poder sempre foram os únicos objetivos de suas sanguinárias existências.

Hitler nasceu em 20 de abril de 1889, na Áustria, na cidade de Braunau am Inn. Foi o quarto dos seis filhos de Alois Hitler e Klara Pölzl. Seu pai era um disciplinador rigoroso, fumante inveterado e não aprovava em hipótese alguma que o filho seguisse seus interesses artísticos, em especial, pelas artes visuais. Sua mãe, Klara, era uma mulher infeliz, que se consolava em uma fervorosa fé católica. Ela tinha muita afeição pelo filho e o apoiava em seus sonhos artísticos. Ele chegou a fazer parte do coral da igreja que a mãe frequentava e dizia se sentir fascinado pela mágica musical e cerimonial da missa, apesar de declarar desprezo pelo seu conteúdo textual. Esse fascínio pelo esplendor dos rituais católicos pode, pelo menos em parte, nos levar a compreender a fixação megalomaníaca que Hitler tinha com seus comícios de Nuremberg, todos bastante extensos e repletos de cerimoniais, pompas e simbolismos religiosos, embora de conteúdo pagão.

Klara faleceu em 1907, vítima de um câncer de mama, após ser assistida por um médico judeu, a quem Hitler atribuiu a morte da mãe. Após esse fato, Hitler foi a Viena, onde não conseguiu ingressar na escola de arte local, por ter sido considerado um pintor de talento bastante modesto. Nesse período, chegou a viver em um albergue com mendigos. Em 1913, mudou-se para a Alemanha.

Hitler se alistou nessa época e serviu como voluntário do Exército alemão durante a Primeira Guerra Mundial. De forma paradoxal, a guerra lhe ofereceu uma função e um objetivo de vida que até então não tinha. No Exército, nunca foi promovido a oficial e terminou a guerra na simples condição de cabo. A rendição da Alemanha em 1918 e a assinatura do Tratado de Versalhes, que instituiu o país como responsável pela guerra, deixaram Hitler transtornado. Ele chegou a comparar sua revolta contra esses fatos com o que havia sentido com a morte de sua mãe.

A Alemanha pós-guerra vivia uma profunda depressão econômica e moral, com o desemprego em níveis alarmantes e uma inflação desenfreada e galopante. Esse cenário de caos e desespero possibilitou a Hitler sua entrada na política ao formar um partido político denominado Nacional Socialista. Esse partido atribuía a derrota da Alemanha na guerra e o caos econômico do país à falta de patriotismo da classe política, aos interesses egoístas e segregadores da elite financeira, que, ao seu entender, era judaica em sua absoluta maioria. Com esses argumentos, Hitler realizou uma tentativa fracassada de tomar o poder à força em 1923. Foi preso, mas cumpriu apenas nove meses da pena. Essa condenação criou uma aura de mártir para o ambicioso político, que viu, nessa situação, uma oportunidade ímpar de explicitar e divulgar suas ideias e planos para devolver à nação a força e a dignidade moral e econômica que os inimigos externos e internos haviam subtraído. Menos de dez anos após sua tentativa frustrada de tomar o poder, Hitler se tornou líder absoluto do Partido Nacional Socialista, passou por cima de toda a oposição política da época e foi escolhido pelo presidente alemão Von Hindenburg para o cargo de chanceler, o Führer (líder) da Alemanha.

A ascensão relâmpago do líder alemão pode, em parte, ser atribuída ao caos político e econômico no qual a Alemanha estava mergulhada desde o término da Primeira Guerra Mundial. Hitler, em um primeiro momento, ofereceu aos alemães a retomada de sua autoestima e uma real prosperidade econômica. Os absurdos de sua política antissemita, que atingiu o ápice com os campos de concentração, foram maquiavelicamente ocultados da população, que se mostrava extremamente submissa e agradecida ao seu grande Führer.

No entanto, o sucesso quase inexplicável de Hitler reside em grande parte em sua personalidade, cujos atributos básicos podem ser descritos da seguinte forma: um homem obcecado pelo poder, egocêntrico, vaidoso ao extremo, megalomaníaco, intolerante e explosivo. Todas essas características já nos permitem afirmar que o Führer era um psicopata, mas, no caso de Hitler, sua personalidade psicopata se tornava ainda mais perigosa por causa de sua imensurável habilidade de manipulação das massas. Nenhum outro déspota da humanidade tinha uma capacidade oratória e de representação tão hipnótica quanto ele. Tratava-se de um excepcional ator, capaz de transformar seus comícios em verdadeiros espetáculos teatrais com toques operísticos. Seus discursos, que duravam no mínimo três horas, eram meticulosamente planejados e ensaiados para parecer que o próprio Hitler era tomado pelas emoções que desejava suscitar na plateia à qual se dirigia.

Antes de cada discurso, preparava-se por dias: imaginava e representava cada gesto na frente do espelho, destacava com anotações de próprio punho as emoções a serem representadas em cada frase e a devida intensidade que cada palavra deveria atingir. Era capaz de proferir diferentes vozes, utilizando adequadamente cada uma delas aos diversos personagens que fossem necessários representar no seu show maligno de sedução e manipulação. Além da teatralidade, os comícios do Führer contavam ainda com cenários imponentes, músicas precisamente acionadas em momentos de emoção, um mar de bandeiras tremulantes e desfiles de tropas em uniformes glamorosos marchando em passos de ganso perfeitamente coreografados. Tudo era encenado com uma pompa resplandecente que em tudo lembrava um cerimonial religioso. Hitler se via como o messias da Alemanha, e, assim, esse era o personagem que ele representava com frieza e sem qualquer compromisso com a verdade ou com a dignidade humana.

Toda a doutrina nazista é baseada em seu livro *Mein Kampf* [Minha luta]. Segundo sua crença ilógica e distorcida, existia uma raça superior, a ariana, que tinha no sangue puro a virtude da luta e da liderança. As teorias fantasiosas do Führer se mostraram inverídicas pela ciência, e os Jogos Olímpicos de 1936, em Berlim, escancararam suas mentiras.

A história do ditador-ator nos alerta para a verdade incômoda de como o cérebro humano pode ser facilmente manipulado por psicopatas transvestidos de salvadores da pátria, dotados de oratórias especulares e representações dramáticas. Toda a ficção nazista e suas mentiras foram construídas com base nos mesmos ideais pútridos de Hitler, que não passou de uma fraude oportunista e caricata e que tinha como essência a busca incansável do poder pelo poder.

Nada deteve a fúria destruidora de Hitler, somente a sua morte. E, como nas grandes óperas, ele escreveu, roteirizou e dirigiu a cena final desse nefasto espetáculo: após a cerimônia de casamento com Eva Braun, o Führer ofereceu veneno para a esposa e se suicidou com um tiro na altura da garganta. Ele jamais se entregaria. Sua arrogância, vaidade e megalomania não permitiriam que ele fosse visto como alguém fraco. Sua última ordem aos funcionários foi a de que antes de se entregarem ou fugirem, ateassem fogo ao seu corpo. E assim foi feito: os inimigos só teriam as cinzas. Um final meticulosamente planejado e executado.

Que fique claro: o suicídio de Hitler não teve nada a ver com depressão, culpa ou arrependimento. Foi apenas mais uma cena de horror do monstro ator, do psicopata mais performático que a humanidade já conheceu.

Saddam Hussein: o Nabucodonosor dos tempos modernos

Saddam Hussein nasceu em 1937, na pequena aldeia de Al-Awja, no norte do Iraque, a cerca de 170 quilômetros de Bagdá. A aldeia, que não passava de um amontoado de casebres de barro sem eletricidade nem água encanada, tinha altíssimos índices de mortalidade infantil e miséria, e era o próprio retrato do atraso e do abandono público no qual vivia a maioria absoluta da população do Iraque desde o início do século passado.

O pai de Saddam faleceu antes do nascimento do filho, e sua mãe, Subha, logo se casou com um homem grosseiro, violento e conhecido por todos por ser um ladrão contumaz, que se utilizava de mentiras, manipulações e loquacidade para executar seus delitos. Além disso, seu padrasto não gostava de crianças. Por isso, quando Saddam tinha entre dois e três anos de idade,

Subha acabou por mandá-lo para viver com um de seus tios por parte de pai, Khairallah Tulfah, oficial do Exército Real Iraquiano. Seu tio era um ardoroso nacionalista árabe, contrário à monarquia que mantinha o país totalmente alinhado com os valores e interesses ocidentais. Foi ele quem despertou em Saddam os desejos pela política e ideais de uma nação unificada.

Durante a adolescência de Saddam Hussein, o Exército iraquiano cresceu muito, tanto em contingente quanto em sua influência política no país. Entrar para o Exército passou a ser o principal caminho para se atingir o poder no Iraque. Para sua total frustração, Saddam não obteve bons resultados na vida acadêmica, e isso representou um sério empecilho para sua entrada na academia militar – e uma grande revolta que se revelaria mais tarde.

Quando chegou ao poder em 1979, por meio de um golpe de Estado, atribuiu a si todas as honrarias militares existentes e algumas mais que ele próprio criou. Saddam assumiu o posto de marechal e passou a se vestir com uniformes militares repletos de condecorações dos mais diversos tipos. Sua fome e sede de poder, megalomania e egocentrismo, começaram a se tornar explícitos nessa época.

Paralelamente à ascensão de Saddam Hussein à presidência do Iraque como ditador, o Irã, um país vizinho, estava passando pela revolução xiita que, sob a liderança do aiatolá Khomeini, levou à derrubada do xá Mohammad Reza Pahlavi. O Irã então deixou de ser uma monarquia autocrática pró-Ocidente e se transformou em uma república islâmica teocrática sob o comando do seu líder religioso.

Nesse panorama político, Saddam Hussein julgou que o país vizinho estava numa situação fraca e desorganizada, e, em 1980, um ano após se tornar ditador, revolveu invadir o Irã, apoiado por aduladores que viram nessa situação uma forma de mostrar sua fidelidade e, desta maneira, receber aprovação e vantagens do ditador. A guerra que, segundo os conselheiros de Hussein, duraria um mês, na verdade se estendeu por longos e dilacerantes oito anos, resultando em milhões de mortos e foi a batalha mais sanguenta que o Oriente Médio havia visto.

Em 1990, Saddam protagonizou um novo conflito local ao invadir outro país vizinho, o Kuwait, com recursos internacionais. Apesar de pequeno, o Kuwait é detentor de 10% das reservas mundiais de petróleo. Temendo que a guerra virasse um conflito longo e resultasse em prejuízos econômicos na ordem de 400 bilhões de dólares, como havia ocorrido com a guerra entre Iraque e Irã, forças de trinta países liderados pelos Estados Unidos realizaram, em janeiro de 1991, a Operação Tempestade no Deserto, que resultou em 100 mil mortos no território iraquiano. Após essa operação, em fevereiro de 1991, Saddam assinou o cessar-fogo na então conhecida Guerra do Golfo.

Depois do término da guerra, o ditador teve que enfrentar as revoltas dos curdos no norte do Iraque e as dos xiitas ao sul do país. Enquanto ele brincava de ser marechal e líder salvador da pátria com suas mentiras manipuladoras, o povo iraquiano mergulhava cada vez mais na absoluta miséria. Sem qualquer empatia e responsabilidade para com as vidas dos iraquianos, Hussein reprimiu esses movimentos com extrema violência, utilizando-se de armas químicas, como gás mostarda, cianeto e o agente químico neural vx. Todos eles, comprovadamente letais, eram comprados ou produzidos com o dinheiro do petróleo iraquiano.

Como todo psicopata ditador, Saddam transformava suas derrotas nos conflitos bélicos em vitórias ideológicas frente ao seu povo. Em uma demonstração de megalomania, perversidade, egocentrismo e fascínio pelo poder ostentador, ele criou uma grandiosa estratégia de automarketing, que incluía a exaltação e idolatria dos antigos heróis iraquianos como uma maneira de maquiar o caos em que viviam e despertar o sentimento popular de orgulho nacional.

Nessa estratégia maligna e irresponsável, reconstruiu as tumbas dos antigos líderes da Mesopotâmia e se autointitulou o Nabucodonosor dos tempos modernos. E, ainda, para marcar essa sua nova etapa política, mandou confeccionar milhares de tijolos com a seguinte inscrição: "A Babilônia de Nabucodonosor foi reconstruída na era de Saddam Hussein". A autoidentificação de Saddam com Nabucodonosor não podia ser mais apropriada, pois ambos usaram de intensa violência e crueldade com seu povo, além de perseguirem, escravizarem e até matarem determinados grupos, como os persas e os judeus, no caso do reinado de Nabucodonosor, e os persas, os judeus e os curdos xiitas, na era Hussein.

Como se não bastasse a reconstrução da Babilônia de Nabucodonosor, por puro exibicionismo, o ditador construiu incontáveis estátuas de si mesmo e as distribuiu por todo o Iraque como monumentos públicos. Festas grandiosas com projeções de laser de seu rosto e do tirano da velha Babilônia nos céus de Bagdá levaram as massas ao delírio, em uma espécie de hipnose coletiva criada com habilidade por um psicopata que se deliciava em manipular o desespero dos derrotados.

Antes das guerras criadas por Saddam para satisfazer apenas os seus interesses de poder e dar vazão à sua fúria psicopática e devastadora, o Iraque era um país rico, com 30 bilhões de dólares em reservas de petróleo. Após suas brincadeirinhas bélicas, o país passou a ter uma dívida de 70 bilhões de dólares.

De forma sistemática e sem qualquer senso de responsabilidade, o líder do Iraque violou os acordos de cessar-fogo entre os Estados Unidos e seus aliados. Em 20 de março de 2003, a coalizão anglo-americana, mesmo sem a autorização do Conselho de Segurança da ONU, realizou uma intervenção militar no território iraquiano. Em que pese a maneira tendenciosa dos Estados Unidos de caracterizarem os crimes contra a humanidade de acordo com a origem de seus aliados ou inimigos e também os embargos impostos à população iraquiana após a perda da guerra contra o Exército da ONU, não podemos deixar de destacar a crueldade e a indiferença de Hussein com o próprio povo. Para satisfazer sua sede e seu apego desenfreado por poder, ele passou a tentar utilizar o povo iraquiano como moeda de troca visando a manipulação da comunidade internacional e, para isso, não hesitou em deixar morrer milhares de cidadãos do seu país.

Após ser capturado, em 2004, Saddam Hussein foi considerado pelo Pentágono prisioneiro de guerra sob as acusações de crimes de guerra contra a humanidade e genocídio (especialmente dos curdos xiitas). Em 2006, foi condenado à forca, mas, em mais uma demonstração de vaidade e megalomania, declarou ao mundo que preferia ser morto por um pelotão de fuzilamento para morrer como militar – formação que, diga-se de passagem, nunca foi obtida pelos caminhos corretos e meritocráticos.

Saddam Hussein foi enforcado em 30 de dezembro de 2006 com um currículo típico dos grandes tiranos da humanidade. Em certos aspectos, ele lembra muito Hitler, especialmente por ter comandado o extermínio de quase toda a população curda existente no mundo e, também, por sua perversa habilidade em manipular os sentimentos antissemitas do mundo árabe em favor de seus objetivos sórdidos de poder e grandeza.

Saddam não passou de mais um psicopata que, ao atingir o poder, contribuiu em muito para ensanguentar a história da humanidade no século XX.

Augusto Pinochet nasceu em Valparaíso, no Chile, no dia 25 de novembro de 1915. Sua infância e adolescência dão conta de um estudante dedicado, que ingressou na Academia Militar aos 17 anos. Em 1936, graduou-se com a patente de tenente de infantaria. Em 1956 já era coronel e comandante da IV Divisão das Forças Armadas. Assumiu a chefia do Estado Maior do Exército em 1969, quando atingiu a patente de general.

O verdadeiro caráter e a essência de Pinochet começariam a ser revelados com a eleição do presidente Salvador Allende pela Unidade Popular, criada com a participação de socialistas, comunistas e radicais. Esse episódio despertou a atenção dos setores mais conservadores das Forças Armadas, especialmente do Exército e da sociedade chilena. Pinochet era extremamente manipulador e dissimulado, fomentava entre os militares uma imagem de um Allende inseguro e despreparado, mas na frente do presidente constitucionalmente eleito por 56% da população chilena, se fazia de bom amigo e apoiador fiel.

Nesse contexto de descontentamento, em junho de 1973, aconteceu o primeiro golpe militar contra o governo de Allende, com carros blindados circundando o Palácio de La Moneda. Tal tentativa fracassou, e o presidente não instaurou qualquer tipo de censura ou regime mais repressivo em relação aos golpistas. Ele estava convencido de que o restabelecimento da ordem civil iria colaborar muito para que a transformação social pudesse ocorrer de forma pacífica. Além disso, Allende acreditava que os militares chilenos tinham uma vocação constitucional e eram leais às instituições republicanas. Talvez esse tenha sido o maior equívoco ideológico do presidente.

Diante daquela situação de desestabilização das instituições estatais, o general Carlos Prats, que, além de ser amigo e admirador de Allende, era um general com ideais legalistas e havia se negado a participar do golpe de junho de 1973, foi obrigado por seus companheiros militares a renunciar a seus cargos de ministro de Defesa e comandante das Forças Armadas. Frente à lacuna deixada na cúpula das Forças Armadas, o presidente comete o seu maior erro político e estratégico, o mais grave de sua vida: nomeia o general Augusto Pinochet, então com 58 anos, para os cargos ocupados por Prats.

Allende ainda não sabia, mas sua atitude iria lhe custar a vida. Pinochet era um militar insensível, extremamente rígido, violento e com uma sede de poder típica dos psicopatas que deixam mortos, torturados e desaparecidos como rastro quando comandam de forma ditatorial os rumos de uma nação.

Desta vez, Pinochet conspirou de forma fria e calculista contra o presidente, reunindo-se com todos os líderes das Forças Armadas e orquestrando o golpe derradeiro para o dia 11 de setembro de 1973. Na véspera, Pinochet, que era o homem de confiança do presidente, esteve com Allende e, de forma dissimulada, garantiu-lhe que, na manhã seguinte, daria seguimento ao projeto de reorganização nacional, que previa um bom acordo entre políticos e militares.

Todavia, o que se iniciou foi um golpe de Estado, e Pinochet logo mostrou sua face autoritária e cruel. Ordenou um cerco pesado ao Palácio de La Moneda, deixou de sobreaviso um bombardeio aéreo devastador, caso o presidente mostrasse resistência em se entregar, e determinou que a rendição de Allende teria que acontecer sem que o presidente tivesse direito a qualquer negociação ou impusesse qualquer tipo de condição. Após três horas de combate com bombardeios intensos, Allende suicidou-se em meio aos escombros do La Moneda.

Instaurado o golpe de Estado, a principal ocupação de Pinochet foi a de tomar pulso da situação. De forma natural, mas impetuosa, impôs sua autoridade a todos os militares envolvidos no golpe. Dissimuladamente, o general foi o último a se posicionar abertamente sobre o golpe, mas, como todo bom psicopata, foi o primeiro a desfrutar do poder que a nova função lhe ofereceu e fez de tudo para que aquela posição poderosa durasse o máximo possível.

Após o suicídio de Allende, Pinochet assumiu o cargo de presidente da Junta Militar de Governo e, imediatamente, dissolveu o Congresso, baniu os partidos políticos, restringiu os direitos civis dos chilenos e transformou a Unidade Popular em uma instituição ilegal, com o claro objetivo de prender seus principais líderes.

Em menos de um ano, em 17 de junho de 1974, Pinochet dispensou a junta militar e assumiu o cargo de chefe supremo da nação. Em 1981, autoproclamou-se presidente da república. Aparelhou o Estado com instrumentos poderosos de repressão, como o serviço de inteligência, inicialmente a DINA (Direção de Inteligência Nacional) e mais tarde o CNI (Centro Nacional de Informação).

Segundo Antonio Ghirelli em seu livro *Tiranos: de Hitler a Pol Pot*, entre 1973 e 1990 o número total de cidadãos chilenos ou de estrangeiros suspeitos de simpatizar com ideias marxistas mortos ou desaparecidos era algo em torno de 5 mil. Os prisioneiros, em número bem maior, talvez chegassem a 300 mil, e pelo menos 100 mil foram obrigados a exilar-se.

Muitos atos contrários aos direitos civis dos chilenos, incluindo um rol variado e perverso de torturas, foram planejados e postos em prática; todos expressamente apoiados e autorizados por Augusto Pinochet.

Os rituais de tortura, iniciados assim que uma pessoa era detida, eram executados de maneira generalizada, independentemente da idade, da condição física ou do sexo do prisioneiro. Tais rituais incluíam: golpear o prisioneiro de forma violenta e contínua, chegando à fratura de membros; manter os prisioneiros em posições absolutamente desconfortáveis; deixá-los nus, sob luzes fortes ou encapuzados; privá-los de qualquer tipo de alimentação e mesmo de água. Os capturados ainda eram submetidos à asfixia por meio de mergulho parcial de sua cabeça em água, substâncias líquidas intoxicantes e até mesmo excrementos humanos ou de animais; recebiam choques elétricos na língua, vagina e testículos; sofriam estupros coletivos e sistemáticos; eram submetidos a falsos fuzilamentos do tipo roleta-russa; e também iam, para o "pau de arara", uma prática em que os presos tinham seus corpos suspensos por horas de cabeça para baixo.

Talvez o caso de tortura que mais evidencie a indiferença, falta de empatia e crueldade das práticas estimuladas por Pinochet seja o do jovem Pedro Hugo Arellano Carvajal, que havia sido capturado com o pai. Todos os artifícios de maus tratos já citados anteriormente foram utilizados com Pedro e seu pai, e também com outros pais e seus filhos. Além de tudo aquilo, eles eram forçados a ficarem nus, um por cima do outro, em uma pilha de corpos de forma alternada, pais e filhos, e eram obrigados a penetrarem uns aos outros. Não satisfeitos, todos ainda eram submetidos a um corredor polonês, em que recebiam golpes de cassetetes e, ao final desse corredor, o ânus de alguns eram abertos com uma baioneta.

Cabe ressaltar também que, sob o comando e ordem de Pinochet, militares de alta patente instituíram as práticas de fuzilamento em massa e as "caravanas da morte", em que os prisioneiros eram levados a um voo sobre o oceano aberto e, de lá, despejados no mar dentro de sacos de lixo. E, sobre todas essas atrocidades, Pinochet se limitou a dizer: "Não posso me dar ao luxo de ser misericordioso. Os marxistas e comunistas devem ser aniquilados, e é preciso torturá-los; do contrário, não falam".

Em 1988, após a realização de um plebiscito, Pinochet perdeu o apoio para se manter no cargo de presidente da república. Em 1990, foram realizadas eleições e o democrata cristão Patrício Aylwin assumiu a presidência do Chile. No entanto, Pinochet conseguiu manobrar as eleições para permanecer no comando do Exército chileno até 1998. Nesse mesmo ano, utilizando-se de uma norma criada por ele mesmo na Carta Constitucional, tornou-se senador vitalício com o único propósito de garantir sua impunidade nos processos em que começou a ser acusado após a redemocratização do país.

Entre dezembro de 1998 e a sua morte, em 10 de dezembro de 2006, Pinochet respondeu a mais de trezentas ações criminais, dentro e fora do país, que faziam incontáveis acusações de abusos e fraudes cometidos durante os dezessete anos em que esteve no poder, e que incluíam violações dos direitos humanos, crimes cometidos pelo regime militar do qual fora chefe absoluto, acúmulo ilícito de fortunas em contas de bancos estrangeiros, produção de cocaína em instalações do Exército e tráfico internacional dessa droga. Esta última informação foi revelada pelo general reformado Manu Contreras, ex-chefe da DINA, em 2006.

O ditador viveu seus últimos anos em Santiago. Pouco antes de morrer, Pinochet, de forma calma e tranquila, assumiu a responsabilidade pessoal por tudo que ocorreu no Chile após o golpe de 11 setembro de 1973, sem demonstrar qualquer vestígio de culpa ou arrependimento. E se justificou dizendo ter agido sempre por seu "sentimento de amor e de devoção à pátria". Resta saber a que pátria ele se referia, pois sua fortuna espalhada pelo mundo dá conta de um indivíduo que visava única e exclusivamente a seus interesses pessoais. Se algum dia existiu uma pátria chamada Augusto Pinochet, podemos, então dizer que seu criador foi, sim, um ardoroso patriota de si mesmo.

Pol Pot: uma máquina assassina que não gostava de aparecer

A história do tirano do Camboja é, em alguns aspectos, diferenciada de seus pares do século XX. Saloth Sar, conhecido na vida política como Pol Pot (que significa o "irmão número um"), nasceu em 1925. Ele pertencia a uma família camponesa com uma boa condição financeira por ser proprietária de algumas plantações de arroz. Seu processo de educação formal iniciou-se em um monastério budista, onde aprendeu a ler e a escrever. Sua família tinha ainda conexões com a realeza do país, o que lhe favoreceu o acesso a boas escolas e até mesmo a obtenção de uma bolsa de estudos na França.

Em 1948, depois de participar da resistência às tropas francesas de ocupação durante a Segunda Guerra Mundial, ganhou uma bolsa de estudos para ingressar na faculdade de engenharia eletrônica em Paris, de onde regressou três anos mais tarde, sem completar os estudos por não ter alcançado os resultados necessários nas provas e avaliações de seu curso. De volta ao Camboja, tornou-se ativista político em partidos de orientação comunista. Entre 1950 e 1960, Pol Pot foi professor em uma escola secundária da capital e começou a escrever sobre política. Nesse período, ele é descrito como um professor sensível, tímido, apaixonado pela poesia francesa e querido por seus alunos.

Em 1960, participou da fundação do Partido Comunista cambojano e, em aproximadamente três anos, elegeu-se secretário--geral do partido. A partir desse momento, a verdadeira essência de Pot começou a ser revelada: mostrou-se um homem de ambições inimagináveis e bastante à vontade com a aparelhagem do poder.

Nesses aspectos Pot lembra muito seus semelhantes Stálin, Mao Tsé-Tung e Hitler, mas um detalhe de sua personalidade o difere de forma curiosa: de maneira notável, ele se esquivava socialmente, evitando contato com as grandes massas e mostrando um gosto especial pela clandestinidade. Definitivamente, o ditador cambojano não sofria do exibicionismo exacerbado que era a marca registrada dos mais terríveis tiranos do século XX. Sempre preferiu ficar à sombra do poder, refutando de forma sistemática a divulgação de suas raríssimas fotografias e retratos oficiais; nunca permitiu construções de estátuas com a sua imagem nem a publicação de biografias elogiosas.

É importante destacar que o fato de Pol Pot não ser exibicionista em hipótese alguma reduz sua psicopatia. Pelo contrário, exatamente por isso esse tirano se tornou bem mais perigoso e letal, pois podia circular em todos os ambientes sem ser notado. Além disso, essa característica também lhe permitiu exercer de forma explícita seu total desprezo a qualquer tipo de relação afetiva, inclusive com seus próprios irmãos. Eles foram deportados do país sem saber que o irmão Saloth Sar era, na verdade, Pol Pot, o novo todo-poderoso primeiro-ministro do Camboja. E diversos companheiros de luta foram cruelmente torturados e eliminados, pois, para Pot, eles poderiam revelar seus planos geniais para inimigos internos e externos. Era preciso apagar seu rastro até atingir seu objetivo final.

A aparente falta de vaidade de Pol Pot revela, de forma indireta, o tamanho de sua megalomania. Na verdade, como ele acreditava ser um gênio e o criador do maior evento revolucionário da história, utilizava-se de esquiva social, de mentiras sobre sua identidade e aparência porque preferia se movimentar às sombras para evitar ser imitado ou eliminado pelos seus rivais. Pot chegou a se passar por um boia-fria para as eleições de 1976, e até mesmo usou boatos sobre sua morte como uma arma para o andamento favorável de sua trajetória inédita de poder rumo a uma revolução político-econômica da humanidade.

A megalomania desse tirano era inigualável. Ele, de fato, acreditava ser o mais inteligente e sagaz de todos os revolucionários do mundo, em qualquer área do conhecimento humano: política, economia, culinária, música, moda e até dança. Para Pot, ele se semelhava a Deus. Na verdade, ele era o próprio Deus – no qual nunca acreditou, diga-se de passagem.

Em 1975, Pot assumiu o poder. No ano seguinte apresentou seu grande plano de mudança radical do Camboja, que passou a ser o país dos khmers vermelhos (nome dado aos membros do Partido Comunista). Tal plano previa um rápido desenvolvimento da produção e da exportação agrícola para, em pouco tempo, iniciar o processo de industrialização da agricultura, além da criação tanto da indústria pesada e como da leve, diversificando o setor.

Para que tudo ocorresse no tempo estimado pelo líder dos khmers, os inimigos da revolução (proprietários de terras, burocratas e intelectuais) teriam que ser "reeducados", ou seja, trabalhar entre 12 e 14 horas por dia, tendo apenas um dia de descanso, o qual deveria ser destinado à participação em reuniões políticas com o objetivo de promover uma autocrítica sobre o que cada trabalhador poderia fazer a mais para contribuir para o êxito da revolução em tempo recorde. Todos precisavam entender que os preguiçosos e os sabotadores seriam os únicos responsáveis por um possível fracasso da revolução dos khmers.

O projeto de Pol Pot, além de ter sido megalomaníaco, foi, proporcionalmente à extensão territorial e populacional do Camboja, de uma perversidade e capacidade de destruição humana e material nunca vistas antes. Dados do Cambodian Genocide Program (PGP), um projeto da Universidade de Yale, estimam que a revolução genial do líder dos khmers exterminou 1,7 milhão de cambojanos, ou seja, 21% da população do país em 1975; destruiu 796 hospitais, 5.857 escolas, 108 mesquitas e muitas igrejas católicas; além de ter posto em prática um verdadeiro massacre dos agentes de saúde: 91% dos médicos, 83% dos farmacêuticos e 45% dos enfermeiros foram mortos.

Toda essa atrocidade só não foi maior em função da curta duração do governo Pol Pot (1975-1979). Em 1979, o país foi invadido pelo Exército do Vietnã, que depôs o tirano após ele ter promovido assassinatos em massa de cidadãos vietnamitas na fronteira do Camboja com aquele país. Após essa invasão, o líder dos khmers fugiu e se refugiou na Tailândia. Lá, ele viveu na clandestinidade junto à guerrilha comunista até a sua morte, em 15 de abril de 1998.

A história do tirano cambojano nos faz refletir sobre um tipo de psicopata que, de maneira geral, costuma chamar menos atenção: o psicopata ideológico e discreto. Esse tipo de psicopata, no meu entender, é bem mais perigoso e destrutivo do que seus pares exibicionistas, faladores e extremamente vaidosos, pois ele, revestido de genialidade intelectual, se camufla nas mais altas hierarquias do poder e comanda à distância, mas com mão de ferro, as execuções realizadas por seus subordinados e representantes biônicos de seus planos grandiosos. Sem desperdiçar tempo ou cognição com um culto egocêntrico de sua imagem social, esse psicopata se torna uma máquina programada para atingir seus objetivos que, de viés altruísta, nada possuem. Eles só visam à consagração de sua figura como gênio da humanidade – essa é a maior vaidade desse tipo de psicopata!

Agora pare, observe e pense na realidade de seu país, estado ou cidade: quem são os políticos ideológicos por trás dos políticos exibicionistas que costumam chamar tanto a nossa atenção?

A ideologia aliada à maldade genuína têm o poder de produzir genocídios dos mais diversos tipos, especialmente na saúde e na educação. Os grandes idealizadores dos esquemas geniais de corrupção são os Pol Pots indo em frente com seus planos atrozes de perpetuação da revolução.

Seremos capazes de combater a psicopatia no poder?

Confesso que tenho muito medo de certas ideias que, apesar de parecerem lógicas ou historicamente eficazes, trazem consigo uma explícita indiferença afetiva individual ou coletiva. Pois elas são ideias como a escravidão humana, a pedofilia como iniciativa sexual na Antiguidade e a atual imagem dos super-humanos.

Nos valores e conceitos de poder dos tempos modernos, é muito fácil ocorrer uma inversão ética que transforme o psicopata em herói ou em um super-humano bem-sucedido, a ser seguido como exemplo por uma grande parte da população que desconhece a verdadeira essência do mal. Na sociedade, é bem comum observarmos políticos, empresários e até líderes religiosos com essa imagem de super-humano com evidentes características de egocentrismo, insensibilidade, sede insaciável de poder e utilização de mentiras e manipulação para obtenção de seus vãos objetivos.

Temos que entender que a vitória política dos psicopatas é, necessariamente, o fracasso de qualquer projeto macrossocial altruísta, justo e capaz de gerar bem-estar coletivo. Com psicopatas no poder, consequentemente, teremos no futuro uma sociedade hedonista, cujos objetivos começam e findam única e exclusivamente no benefício individual.

Apenas a popularização do conhecimento sobre a psicopatia é capaz de habilitar as pessoas a tomarem decisões pessoais, comunitárias e macrossociais melhores e mais coerentes. Somente utilizando esse conhecimento para a elaboração de leis e para pautar uma nova maneira de agir, individual e coletivamente, seremos capazes de reduzir drasticamente os danos e o rastro de destruição que os psicopatas deixam quando exercem o poder.

Com um número bastante reduzido de políticos psicopatas, poderemos almejar, de maneira sólida e consistente, um futuro melhor, de paz e valores verdadeiramente humanos.

Combater de forma incansável a presença dos psicopatas em cargos públicos e de poder parece, a princípio, uma tarefa gigantesca e inglória, mas posso garantir que essa é a única trajetória a seguir. Não podemos, de maneira alguma, perder a esperança em dias mais humanos. Para isso, não podemos esquecer que somos maioria, que devemos e precisamos iniciar essa tarefa de forma gradual e persistente, com a responsabilidade de unirmos forças e assumirmos um papel ativo na construção de uma sociedade mais justa.

Eu, sinceramente, acredito que tempos mais humanos virão, pois vejo o amor coletivo e verdadeiro como propósito da nova existência. Nestes novos tempos, o poder será exercido não por psicopatas, mas por pessoas que realmente acreditam no amor empático e altruísta como instrumento da maior e mais revolucionária mudança comportamental da história da nossa civilização.

"Matou os pais e foi para o motel."

8
FOI MANCHETE
NOS JORNAIS

Antes de eu iniciar este capítulo, é importante ressaltar que *em nenhum momento afirmo* que as pessoas aqui descritas são psicopatas de fato. Esclareço também que não tenho nenhum nível de convivência com elas e tampouco fiz alguma investigação diagnóstica específica que pudesse atestar a psicopatia na personalidade delas. O que me interessa aqui são os acontecimentos e os atos que lhes são atribuídos, uma vez que sugerem um proceder característico da psicopatia.

Sílvia Calabrese Lima:
"Como alguém é capaz de fazer isso?"

Goiânia, 17 de março de 2008.

Uma denúncia anônima levou dois investigadores de polícia até o apartamento da empresária de construção civil Sílvia Calabrese Lima, de 42 anos. Sílvia foi presa em flagrante por maltratar e torturar uma menina de doze anos que morava com ela havia mais ou menos dois anos.

A agente policial Jussara Assis encontrou a menina com os braços acorrentados a uma escada de ferro no apartamento da empresária, localizado num bairro nobre na cidade de Goiânia. Uma mordaça de gaze e esparadrapo embebida em pimenta, vários dedos das mãos quebrados, a maioria das unhas arrancada, marcas de ferro quente pelo corpo e dentes quebrados a marteladas completavam o quadro de atrocidades. Objetos como correntes, cadeados e alicates serviam de instrumentos de tortura, que ocorria de forma sistemática.

A menina, visivelmente traumatizada, relatou à polícia: "Hoje, porque eu não sequei o banheiro dela, ela me acorrentou". Ela disse que nunca contou nada porque era ameaçada de morte pela empresária. Também foi presa a empregada Vanice Novais, de 23 anos, acusada de participar dos horrores. Ela alegou que torturava a menina "a mando da patroa". Num caderno, Vanice registrava o dia e a hora das agressões.

Após a repercussão do caso, outras meninas (pelo menos quatro) revelaram que também foram torturadas de forma muito parecida pela mesma empresária. Sílvia, que é filha adotiva, ganhava a confiança dos pais de meninas pobres para depois adotá-las informalmente. Suas promessas eram de oferecer estudos para que as crianças tivessem as mesmas oportunidades que ela teve quando fora adotada. Além disso, alegava querer muito uma menina para cuidar, pois só tinha filhos homens. Instaladas na casa de Sílvia, as meninas eram submetidas a atos de violência, trabalhos forçados, privações de comida e outros suplícios, como ingerir fezes de animais.

A delegada Adriana Accorsi, responsável pelo caso, declarou à revista *Veja*: "Ela é sádica: sente prazer em machucar meninas e, em momento nenhum, demonstrou arrependimento pelo que fez".

Na prisão, em entrevista ao programa *Fantástico* (Rede Globo de Televisão), Sílvia confessou ao repórter Vinícius Dônola a autoria do crime: "Devo, e vou confessar em juízo o que fiz...", "Sabe qual que é a história? Eu era a mandante; ela, a executante (referindo-se à empregada doméstica). Essa é a história. Não tem outra história". Quando perguntada por que agiu daquela maneira com a menina, a agressora respondeu: "Na minha cabeça, eu não achava que *tava* torturando, na minha cabeça, eu achava que *tava* educando", "Minha vida acabou. Eu sei que vou ficar aqui. Eu tenho noção disso. Eu não sou louca".

Um parente da agressora disse que, desde a infância, ela apresenta "distúrbio de comportamento" e um histórico de problemas. Sílvia foi criada de orfanato em orfanato até ser adotada, aos doze anos. Ainda precoce, já demonstrava ser uma criança com sérias alterações de comportamento. Aos nove anos, foi expulsa de uma instituição porque estava atrapalhando a educação das outras meninas.

Para o psiquiatra forense Guido Palompa, pessoas como Sílvia costumam alegar que receberam maus-tratos na infância, mas não é verdade. "São pessoas de natureza deformada." "Elas também não têm nenhum arrependimento."

Em junho de 2011, Sílvia foi condenada a onze anos e seis meses de reclusão por exploração de menores, e a empregada, Vanice, absolvida, por também estar sob o domínio de Sílvia.[6]

Kelly Samara Carvalho dos Santos:
"Ela parecia tão nobre"

Em 22 de agosto de 2007, uma jovem de dezenove anos foi presa em São Paulo, acusada de crimes de falsidade ideológica,

---

6. Revista *Veja*, ed. 2.053. Abril, 26 mar. 2008; programa *Fantástico*, Rede Globo de Televisão, exibido em 23 mar. 2008; Procuradoria da República de Goiás: <http://www.prgo.mpf.mp.br>. Acesso em 2 fev. 2014.

estelionato e furtos. Bonita, magra, alta e bem vestida, cativava as pessoas por sua simpatia e desenvoltura. Kelly Samara Carvalho dos Santos, que se apresentava como Kelly Tranchesi, também tinha lá seus destemperos: quando não convencia por bem, usava de arrogância, fazia escândalos e destratava pessoas.

Nascida em Amambai (MS), onde foi criada pelos avós maternos, Kelly é conhecida em várias cidades da região pelos golpes que aplicou. Segundo as informações de uma tia e da ex-diretora do colégio onde estudou, desde pequena ela não respeitava regras, desobedecia aos professores, furtava objetos e ludibriava as pessoas. O Conselho Tutelar de Amambai acompanhou a jovem desde 2001, quando ela começou a aplicar golpes.

Segundo o portal G1, um escrivão de Ponta Porã disse que "ela é um computador. Grava quem é, qual é o nome". Ele ainda revelou que a moça circulava entre pessoas influentes para escolher suas vítimas. "Essa menina é uma artista. Ela é muito, muito inteligente. Mas usa a inteligência para o crime."

Em São Paulo — sem endereço fixo e se hospedando em hotéis caros —, Kelly costumava frequentar lugares badalados (restaurantes e casas noturnas) num bairro nobre da cidade, os Jardins. Trajando roupas e joias de grife, a jovem alugava carros blindados de luxo, com direito a motorista. Com aparência de milionária, Kelly, sem levantar suspeitas, conquistava a confiança de "amigas" ricas, homens e pessoas idosas. Furtava-lhes joias, dinheiro, cartões de crédito e talões de cheques, repassando-os para os comerciantes da região.

Com pouca idade, mas experiente em aplicar golpes, Kelly já se passou por estudante de direito, médica veterinária, empresária, dermatologista, fazendeira e até filha do presidente do Paraguai. Segundo a polícia, a jovem usava mais quatro nomes falsos, escolhia suas vítimas também pelo site de relacionamentos Orkut e aplicava o golpe "Boa Noite, Cinderela" (colocar soníferos nas bebidas das vítimas para depois depená-las).

Após um rápido namoro com o dono de uma galeria de arte, ela conseguiu roubar uma gravura do pintor espanhol Juan Miró, avaliada em 18 mil dólares. A polícia não sabe precisar quantas pessoas foram enganadas por Kelly e a quantia exata que ela roubou. Porém, mais de vinte vítimas se pronunciaram somente em São Paulo, onde ela permaneceu por apenas seis meses.

A delegada que cuidou do caso, Aline Martins Gonçalves, da 15ª DP, disse ao programa *Fantástico* que, por ser jovem e bonita, Kelly conseguia facilmente chegar aos homens. Aline também se mostrou impressionada com os golpes da falsa *socialite*: "A gente vai puxando e parece que a linha não acaba mais", complementou.

Para o psiquiatra Daniel Martins de Barros, do Núcleo de Psiquiatria e Psicologia Forense da Universidade de São Paulo (USP), os estelionatários costumam ser pessoas hábeis, com jogo de cintura, raciocínio rápido e capacidade de simulação. Nas palavras de Sérgio Paulo Rigonatti, médico do Instituto de Psiquiatria do Hospital das Clínicas, os estelionatários "têm inteligência suficiente para enganar os outros, grande poder de sedução, frieza e falta de sentimento de culpa".

Mesmo com várias evidências, relatos de testemunhas, histórico de sua vida pregressa e prisão em flagrante, a jovem, que ficou conhecida como "golpista dos Jardins", foi solta em 2 de abril de 2008. De acordo com o Tribunal de Justiça de São Paulo, Kelly foi liberada após ser absolvida por falta de provas.

Em abril de 2009, Kelly foi presa novamente na cidade do Rio de Janeiro por estelionato, falsidade ideológica e aplicação de golpes em novas vítimas. Em maio de 2011, foi presa em

Viradouro (SP) e, em 2012, em Dourados (MS), de onde fugiu quando cumpria pena no regime semiaberto.[7]

Champinha:
"Perversidade requintada"

Em novembro de 2003, Roberto Aparecido Alves Cardoso, conhecido como Champinha, de dezesseis anos, foi condenado pelo sequestro e assassinato do casal de namorados Felipe Caffé (de dezenove anos) e Liana Friedenbach (de dezesseis). Os crimes ocorreram numa mata de Embu-Guaçu, na Grande São Paulo. Felipe recebeu um tiro na nuca e foi encontrado num córrego. A estudante Liana, durante quatro dias, foi abusada sexualmente repetidas vezes e morta com facadas na cabeça, nas costas e no tórax.

Outros participantes dos assassinatos também foram condenados a vários anos de reclusão em presídios comuns, uma vez que na época já eram adultos. No entanto, Champinha, considerado líder do grupo e mentor dos crimes, foi internado por três anos na Febem Vila Maria (hoje denominada Fundação Casa). Apesar de ser menor de idade, Champinha foi considerado um criminoso extremamente perigoso e com altíssima possibilidade de reincidir no crime. Portanto, sem condições de convívio social.

Depois de muita polêmica, no final de 2007, a Justiça determinou que Champinha deveria ser mantido em instituições com supervisão psiquiátrica — sob vigilância constante e por tempo

---

7. G1: O Portal de Notícias da Globo: <www.g1.com.br>. Acesso de 22 ago. 2007 a 3 abr. 2009; programa *Fantástico*, Rede Globo de Televisão, exibido em 26 ago. 2007; *Folha de S.Paulo Online*. Acesso em 29 maio 2011; Glamurama: <http://glamurama.uol.com.br>. Acesso em 18 maio 2014.

indeterminado — e ser proibido de realizar atos civis, como casar ou abrir contas em bancos, por exemplo.

Em 10 de dezembro de 2013, o Superior Tribunal de Justiça (STJ) julgou o *habeas corpus* de Champinha e negou, por unanimidade, que ele deixasse o hospital psiquiátrico. Por falta de um lugar apropriado que atenda à determinação da Justiça, Champinha permanece onde está desde maio de 2007: na Unidade Experimental de Saúde da Vila Maria, Zona Norte de São Paulo. Apesar de todas essas medidas, o destino de Champinha ainda é uma incógnita.[8]

Suzane von Richthofen:
"Matou os pais e foi para o motel"[9]

Uma jovem rica, bonita, universitária, de classe média alta, arquitetou e facilitou a morte de seus próprios pais.

No dia 31 de outubro de 2002, pouco depois da meia-noite, Suzane, de dezenove anos, entrou em casa, acendeu a luz, conferiu se os pais estavam dormindo e deu carta branca ao namorado, Daniel Cravinhos, de 21 anos, e ao irmão dele, Cristian, de 26.

Os irmãos Cravinhos mataram Marísia e Albert von Richthofen (pais de Suzane) com pancadas de barras de ferro na cabeça enquanto o casal dormia. Simularam um latrocínio, espalharam objetos e papéis pela casa e levaram todo o dinheiro e as joias que conseguiram encontrar. Após a barbárie, o casal de namorados partiu para a melhor suíte de um motel da Zona Sul de São Paulo.

---

8. *O Globo Online*: <www.oglobo.com.br>. Acesso entre 30 set. 2006 e 30 nov. 2007; G1: O Portal de Notícias da Globo: <www.g1.com.br>. Acesso entre 9 out. 2004 e 10 dez. 2013.
9. *Revista Época*, ed. 234, 11 nov. 2002.

Motivo do crime (se é que existe algum)? Os pais não concordavam com o namoro.

Segundo a polícia, o crime foi planejado durante dois meses, e a frieza dos três, principalmente a de Suzane, chegou a impressionar os investigadores. Logo após o enterro dos pais, a polícia foi até a casa de Suzane para uma vistoria e deparou com a jovem, o namorado e amigos ouvindo músicas e cantando alegremente à beira da piscina. No dia seguinte, Suzane e o namorado, Daniel, foram ao sítio da família para comemorar seu aniversário de dezenove anos. "Não a vi derramar uma lágrima desde o primeiro dia", disse Daniel Cohen, primeiro delegado a ir ao local do crime. Na delegacia, a jovem estava mais preocupada com a herança e com a venda da casa do que com a morte dos pais.

Entre outras evidências, esses últimos acontecimentos corroboraram para que as suspeitas recaíssem sobre Suzane e os irmãos Cravinhos. Uma semana depois do assassinato, eles confessaram o crime.

Enquanto aguardava o julgamento em liberdade, Suzane concedeu uma entrevista ao programa *Fantástico*, exibido no dia 9 de abril de 2006. Na ocasião, ela estava de cabelos curtos, trajava uma camiseta com a estampa da Minnie e pantufas decoradas com coelhinhos. Na primeira parte da entrevista, ela brincou com periquitos, ensaiou choros teatrais por onze vezes, segurou nas mãos de seu tutor (Denival Barni) e discursou como uma menina inocente e quase débil. Cenário perfeito para suavizar a imagem de mentora de um crime cruel.

A farsa foi descoberta na segunda sessão, em Itirapina, a duzentos quilômetros de São Paulo. Com o microfone aberto, foi possível ouvir os advogados Mario Sérgio de Oliveira e Denival Barni orientando-a a fingir que chorava. "Chora", pede Barni a Suzane. "Começa a chorar e fala: 'Não quero falar mais!'", diz a voz do outro. Ela responde: "Não vou conseguir". Suzane foi desmascarada e sua prisão foi decretada no dia seguinte.

O psiquiatra forense Antônio José Eça, professor de medicina legal e psicopatologia forense das Faculdades Metropolitanas Unidas (FMU), declarou à revista *IstoÉ Gente* que Suzane matou os pais porque "é de má índole". "Ela tem alguma coisa de ruim dentro dela, uma perversidade, uma anormalidade de personalidade. A maldade está arraigada na alma dela."

Virgílio do Amaral, promotor de Justiça que acompanhou os depoimentos de Suzane, também declarou à mesma revista que "uma pessoa que escolhe a suíte presidencial do motel depois de matar os pais não tem sentimentos".

Decorridos quase quatro anos do assassinato, em 22 de julho de 2006, Suzane e o namorado Daniel foram condenados pelo júri popular a 39 anos de reclusão e seis meses de detenção. Christian pegou 38 anos e seis meses.

Em 2009, Suzane entrou com pedido de *habeas corpus* para cumprir pena em regime semiaberto, valendo-se da progressão de pena por bom comportamento. A jovem foi submetida a exames criminológicos por especialistas (assistente social, psicólogos e psiquiatras), os quais concluíram que ela só mantinha relacionamentos na prisão visando exclusivamente necessidades próprias, além de apresentar reações imprevisíveis e condutas dissimuladas. Acerca de valores éticos e familiares, o discurso dela não demonstrou autenticidade, e sim algo ensaiado. Na ocasião, fui entrevistada por Valmir Salaro — repórter do programa *Fantástico*: ele me questionou sobre a boa conduta da jovem na prisão, além do fato de dizerem sobre o seu poder de manipulação e que recebia proteção de outras presidiárias em troca de favores de seus advogados. Fui taxativa: "Uma menina universitária, inteligente e esperta, conclui exatamente como deve agir e se portar para poder receber os benefícios da lei. [Isso] só mostra esse poder de articulação e de sedução. É totalmente condizente com a personalidade dela, sem surpresa nenhuma".

A juíza Sueli Armani, de Taubaté (SP), negou o recurso, argumentando que "o bom comportamento pode ser intencional, por conveniências próprias, visando justamente a obtenção de benefícios". Para a juíza, também ficou explícito que a jovem é "bem articulada, possui capacidade intelectual elevada e raciocínio lógico acima da média. Embora se esforce para aparentar espontaneidade, denota elaboração, planejamento e controle em suas narrativas".

Em 2010, 2012 e novembro de 2013, tanto o Supremo Tribunal Federal (STF) quanto o Superior Tribunal de Justiça (STJ) negaram novos recursos para que Suzane cumprisse pena em regime semiaberto.

Suzane Louise von Richthofen cumpre pena no presídio feminino de Tremembé, interior de São Paulo, e, caso não receba nenhum benefício, só deverá sair em 2040.[10]

Joia:
"O vovô ideal de qualquer pessoa"

Araras, 16 de fevereiro de 2007.
Lijoel Bento Barbosa, apontado como um dos criminosos mais procurados do estado de São Paulo, foi preso pela Polícia Militar

---

10. Revista *Época*, ed. 234, 11 nov. 2002; revista *IstoÉ Gente*, ed. 172. 18 nov. 2002; revista *Fantástico*, nº 1, dez. 2006; programa *Fantástico*, Rede Globo de Televisão, exibido em 9 abr. 2006 e 29 nov. 2009; Revista *Consultor Jurídico*: <www.conjur.com.br>. Acesso em 20 nov. 2009; *O quinto mandamento: caso de polícia*, Ilana Casoy. Ediouro, 2006.

de Araras. Lijoel, mais conhecido como Joia, tinha mais de quarenta anos no crime e 59 de idade. Parecia um senhor pacato, "boa-praça", que costumava usar um chapéu para cumprimentar suas vítimas e assim ganhar a confiança delas.

Por trás de uma aparência inofensiva, Joia escondia uma ficha criminal de mais de catorze metros de comprimento, da qual constavam diversos tipos de crime: furtos e roubos, além de tentativa de homicídio, tráfico de entorpecentes e dois estupros.

De acordo com Érico Hammerschmidt Júnior, o capitão da Polícia Militar de Araras, ele começou no mundo do crime aos dezessete anos e nunca mais parou. Sua especialidade era arrombar e furtar casas com muita rapidez — "de dois a cinco minutos", segundo o delegado Tabajara Zuliani dos Santos. "É lobo em pele de cordeiro: ninguém imagina que um senhor desses, que seria o vovô ideal de qualquer pessoa, seja um ladrão contumaz como ele é", afirmou o delegado.

Joia esperava os donos saírem e arrombava a fechadura das casas. Caso fosse surpreendido, contava uma história mentirosa qualquer: "Ele estava praticando furto numa casa quando chegaram policiais militares e o surpreenderam naquela ação. Ele então disse: 'Os vizinhos chamaram vocês de novo? O que vocês estão fazendo? É a casa do meu irmão. Estou recolhendo objetos para levar para ele. Vocês querem entrar? Tomar um café, uma água... Fiquem à vontade'", relatou Sydney Urbach, delegado de Araras.

Certa vez, quando Joia estava roubando uma das casas, uma vizinha desconfiou. Sem o menor constrangimento, ele simplesmente pegou uma vassoura e começou a varrer. Saiu da casa e disse à mulher: "Calor, hein?". Depois disso, pegou o carro e foi embora, segundo informou Marco Antonio Marcos, comandante da Guarda Metropolitana de Jaguariúna.

Com essa técnica, Lijoel invadiu e roubou várias casas em 43 cidades do estado de São Paulo e "limpou" especialmente os eletrodomésticos, os aparelhos eletrônicos e as joias (origem do apelido).

Sydney Urbach também contou que, durante uma blitz, Joia foi reconhecido por um policial. Mas, ao tentar tirar a chave da ignição do veículo de Joia, o dedo do policial acabou se enroscando no chaveiro. Lijoel não teve piedade: "Arrancou com o carro, arrastando o policial e seccionando o dedo dele", disse o delegado.

Foragido desde 1999, Joia foi encontrado em uma chácara de alto padrão, que pertencia a um amigo. Numa última tentativa de não ser preso, ele apresentou uma identidade falsa, com o nome de Antonio Barbosa. "Meu nome é Antonio, e não Lijoel", afirmou no momento em que estava sendo algemado.

Ele já esteve preso duas outras vezes, mas conseguiu fugir. Da última vez, deixou um irônico recado na parede de sua cela: "Cadeia é para bijuteria; não é para Joia".[11]

Divina de Fátima Pereira:
"Inimiga íntima"

Goiânia, 30 de novembro de 2007.

Divina de Fátima Pereira, mais conhecida como Nega, foi presa em São Paulo, acusada de matar a irmã Rosa Maria Pereira, 24 anos, grávida de nove meses.

---

11. Programa *Fantástico*, Rede Globo de Televisão, exibido em 24 fev. 2007: G1: <www.g1.com.br>. Acesso em 25 fev. 2007.

O crime ocorreu no dia 27 de fevereiro de 1994, na cidade de Goiânia (GO), porque Rosa descobriu que a irmã teria roubado seus documentos para dar golpes nos comerciantes da região.

Divina, que costumava praticar pequenos golpes e furtos desde criança, aproveitou a visita da irmã em sua casa e roubou a carteira de identidade e o talão de cheques dela. Quando as cobranças começaram a chegar, Rosa descobriu que fora vítima de um golpe.

Rosa ameaçou denunciar a irmã à polícia caso ela não quitasse as dívidas. Diante disso, Divina a estrangulou com um sutiã e falou aos vizinhos que havia dado um chá para ela dormir. Depois de algumas horas, Divina voltou à casa de Rosa ao lado da mãe e de um amigo e fingiu demonstrar surpresa ao encontrar o corpo.

Os parentes desconfiavam que Divina fosse autora do crime, mas, para preservar a matriarca da família, ela não foi acusada. Divina continuou aplicando golpes com os documentos da irmã falecida e convenceu sua mãe a assinar uma procuração para que ela própria recebesse uma pensão pela morte de Rosa.

Em 2001, depois do falecimento da mãe, os familiares decidiram denunciá-la pela morte de Rosa. Ela confessou o crime, mas conseguiu fugir enquanto aguardava o processo em liberdade. Nessa época, ela já tinha duas condenações por furto.

Alvino dos Santos, noivo de Rosa, inconformado com o ocorrido, disse que nem um monstro mataria uma irmã e o sobrinho. "Tenho uma cicatriz que vou levar para o resto da vida", concluiu.

Gildelene Vieira Leite, cunhada da vítima, contou que, certa vez, Divina virou-se para um cobrador e disse: "A Rosa morreu; defunto não paga conta". Gildelene ainda comentou, em tom de indignação: "Como é que uma pessoa criminosa, uma pessoa perigosa dessas, fica solta? Se matou a irmã grávida, vai ter algum sentimento por uma pessoa de fora?".

Sebastiana Gonçalves, tia de Rosa, foi além: "A Divina é uma psicopata. Se você fizer sua assinatura, ela faz igual, idêntica". Quando foi localizada em São Paulo, Divina ainda tentou escapar da polícia apresentando uma identidade falsa.[12]

Lindemberg Alves Fernandes (Caso Eloá):
"Lindemberg é tão frio que nem chorar consegue"[13]

Em 2008, justamente no período em que lancei a primeira edição deste livro, concedi uma entrevista ao jornal *O Estado de S. Paulo* sobre o tema psicopatia.[14] Era sexta-feira à tarde, 17 de outubro, e uma das questões levantadas pela jornalista Márcia Vieira foi acerca de um sequestro que estava ocorrendo em Santo André (SP). Respondi de forma enfática: "Isso já foi longe demais. Lindemberg tem todo o perfil de um psicopata; se a polícia não atirar, ele vai matar a Eloá". Infelizmente, eu estava certa. Logo após a entrevista, Eloá foi baleada na virilha e na cabeça, e a amiga, Nayara, foi ferida com um tiro no rosto.

Por mais de cem horas, o país inteiro acompanhou ao vivo, em rede nacional, o drama vivido por Eloá Cristina Pimentel e

---

12. Programa *Linha direta* — "Inimiga íntima", Rede Globo de Televisão, exibido em 29 nov. 2007 e 6 dez. 2007. Disponível em: <http://redeglobo.globo.com/Linhadireta>. Acesso em 29 nov. 2007 e 6 dez. 2007.

13. Entrevista concedida ao programa *Mais você,* Rede Globo de Televisão, durante o julgamento de Lindemberg Alves Fernandes. Disponível em: <http://gshow.globo.com/programas/mais-voce/>. Acesso em 15 fev. 2012.

14. "As pessoas não aceitam que o mal existe. Infelizmente, ele existe", Márcia Vieira, *O Estado de S. Paulo*. Disponível em: <http://www.estadao.com.br/noticias/impresso%2cas-pessoas-nao-aceitam-que-o-mal-existe-infeliz-mente-ele-existe%2c266665%2c0.htm>. Acesso em 26 out. 2008.

Nayara Rodrigues, ambas de quinze anos, vítimas do maior sequestro em cárcere privado já registrado no Brasil. Em 13 de outubro de 2008, o motoboy Lindemberg Alves Fernandes, de 22 anos, invadiu, com arma em punho, o apartamento da ex-namorada Eloá, onde estavam mais três de seus amigos de escola. À noite, policiais do GATE (Grupo de Ações Táticas Especiais), da Polícia Militar de São Paulo, chegaram para as negociações. Os amigos Iago Vilera de Oliveira e Vitor Lopes de Campos foram liberados ainda no mesmo dia, e Nayara deixou o cativeiro no dia 14. Durante as negociações, Lindemberg exigiu que Nayara fosse à porta do apartamento, prometendo libertar Eloá, mas ela foi puxada pelo sequestrador e feita refém novamente. Até o momento de a polícia invadir o apartamento, no dia 17, Eloá foi exibida, por várias vezes na janela, com a arma na cabeça, em cenas explícitas de desespero, agressão e crueldade.

A polícia jamais poderia ter esperado quase cinco dias para invadir o cativeiro. Lindemberg foi tratado o tempo todo como se fosse um "Romeu arrependido", um menino apaixonado, em crise de amor, que estava muito triste porque a namorada não queria reatar o romance. Tudo não passou de encenação e manipulação! Não dá para acreditar em um algoz que, em plena negociação, vai para a janela e atira no próprio negociador. Que promete que vai sair do apartamento com Eloá, caso a amiga Nayara volte lá, e a rende de novo. Ele manipulou a imprensa e a polícia o tempo inteiro, fez o que quis, na hora em que quis, deu entrevistas ao vivo, fez disparos pela janela, vangloriou-se pela repercussão na mídia, ameaçou se suicidar para sensibilizar o negociador, fingiu descontrole, simulou loucura quando disse que tinha um "diabinho" na cabeça dele, falou pelo celular o quanto quis. Sentiu-se o "rei do gueto", com os holofotes voltados para si.

No meu entender, só um atirador de elite poderia salvar Eloá. Faltou decisão para isso. Por vários momentos em que Lindemberg esteve com Eloá na janela, ficou totalmente exposto, na mira do atirador! Faltou também um especialista em comportamento humano para traçar o perfil de personalidade do agressor. Em pouco tempo de conversa com amigos e familiares da vítima, seria possível descobrir que ele é mau por natureza, dissimulado; que agredia, ameaçava e perseguia a namorada. Lindemberg é um grande manipulador. Desde o início, ele sabia muito bem o que estava fazendo e foi ao apartamento de Eloá com intenção de matá-la. A princípio, achava que a encontraria sozinha, mas foi pego de surpresa quando se deparou com outras pessoas. A partir de então, passou a negociar.

O que marca o perfil de personalidade de Lindemberg não são apenas a premeditação e a frieza, mas especialmente a perversidade. Ele tem sede de violência; gosta de torturar. O motoboy tinha dezenove anos quando começou a namorar Eloá, enquanto ela, apenas doze. A garota foi agredida várias vezes quando namoravam — um padrão repetitivo que já vinha desde muito tempo. Ele se mostrava "bonzinho" enquanto as pessoas faziam as vontades dele; quando contrariado, tornava-se agressivo. Isso demonstra, claramente, um desvio de personalidade.

É importante ressaltar que esse crime não foi passional como se pensa, e sim premeditado. Crime passional é cometido no impulso, no calor da emoção, movido pela paixão, e, geralmente, a pessoa se arrepende depois. Mas um crime em que um rapaz mantém duas adolescentes reféns por quase cinco dias, as agride, ameaça e tortura cruelmente dia e noite não tem a menor possibilidade de ser passional. Lindemberg teve tempo de sobra para se arrepender e se entregar. Uma pessoa com essa personalidade não comete crimes passionais: é um contrassenso; psicopata não se apaixona e não ama ninguém. O que esse rapaz sentia por Eloá era posse, como se ela fosse um objeto, um brinquedo. Ele queria ter controle absoluto da vida dela: "Se não é minha, não vai ser de mais ninguém".

Em 13 de fevereiro de 2012, teve início o julgamento no Fórum de Santo André, no ABC Paulista, presidido pela juíza de direito Milena Dias, que durou quatro dias. Ele foi considerado culpado por doze crimes e condenado a 98 anos e dez meses de prisão. Em junho de 2013, sua pena foi reduzida para 39 anos e três meses, em regime fechado, pelo Tribunal de Justiça de São Paulo. Durante o julgamento, Lindemberg manteve-se frio o tempo todo, mentiu, foi arrogante, tentou manipular os jurados, esboçou sorrisos irônicos de desprezo e em nenhum momento demonstrou arrependimento verdadeiro. Lindenberg é tão frio que nem chorar consegue.[15]

Alexandre Nardoni e Anna Carolina Jatobá:
"Ligações perigosas"

Não a vi abraçada, levada no colo por alguém desesperado que tentasse lhe devolver a vida, que a cobrisse de beijos, que a regasse de lágrimas. Estava ali deitada, a criança indefesa, como um bicho atropelado com o qual ninguém sabe o que fazer.

Lya Luft

Para a grande maioria de nós, não é nada fácil ouvir histórias sobre crimes bárbaros que envolvam crianças, especialmente

---

15. "As tintas do inferno", *Veja*, ed. 2.083, 22 out. 2008; *Veja*, ed. 2.084, 29 out. 2008; Veja.com, sobre o caso Eloá. Disponível em: <http://veja.abril.com.br>. Acesso de 13 jan. 2012 a 4 jun. 2013.

quando os assassinos são os próprios pais. É assustador, inimaginável; pensamos nos nossos amados e tentamos buscar explicações plausíveis que justifiquem tamanha perversidade: aqueles que deveriam protegê-las são os mesmos que ceifam sua vida, de forma brutal.

Na noite de 29 de março de 2008, sábado, Isabella Nardoni, de apenas cinco anos, foi arremessada da janela do sexto andar do Edifício London, na Zona Norte de São Paulo, pelo próprio pai, Alexandre Nardoni. Um caso de grande repercussão nacional e internacional, que feriu o coração e a alma de todos nós. O país, atônito e comovido, acompanhou o caso de forma obsessiva pela imprensa, como quem assiste a capítulos de um terrível folhetim. A população foi às ruas, clamou por justiça, chorou, rezou e acompanhou o julgamento até o fim.

Isabella, filha de Ana Carolina de Oliveira, passeava de carro em companhia do pai e da madrasta, Anna Carolina Jatobá, quando recebeu um golpe na testa com um instrumento contundente, causando sangramento. Utilizaram uma fralda para estancar o sangue e, ao mesmo tempo, abafar o choro e os gritos da criança. Ao chegarem em casa, no Edifício London, o pai carregou Isabella no colo até a sala, jogando-a com força no chão, próximo ao sofá, o que causou fraturas na bacia e no punho direito dela. Logo após, Isabella foi esganada por Anna Jatobá, ficando inconsciente. Com uma tesoura, Alexandre Nardoni cortou a tela de proteção da janela do quarto dos outros dois filhos do casal e Isabella, ainda com vida, foi atirada de uma altura de quase vinte metros. A criança caiu no jardim do prédio e ali permaneceu até a chegada do resgate, morrendo logo em seguida.

Antes de descerem ao térreo do edifício, Jatobá e Nardoni ainda adulteraram o local do crime, limpando parcialmente as manchas de sangue e lavando a fralda que estancara o sangue da testa da menina, com o claro intuito de confundir a análise da perícia e de se livrarem de uma possível condenação.

Enquanto a criança estava ali estendida e quase sem vida, o pai se preocupava apenas em justificar o injustificável: de forma fria, sem esboçar emoção ou abatimento com os fatos, contava uma história fantasiosa, sem razão de ser, de que um ladrão havia entrado no apartamento e jogado a menina pela janela no momento em que ele havia retornado à garagem para buscar os outros filhos. Já a madrasta, Anna Jatobá, aos gritos e sem controle, xingava e culpava o porteiro pela falta de segurança no prédio. Ligou para o pai, para o sogro, para a cunhada, para a mãe da criança — mas nenhum dos dois foi capaz de acionar o resgate dos bombeiros ou de exibir algum gesto que pudesse salvar a menina. Essa incumbência ficou para os vizinhos, aterrorizados não somente com a queda da menina, mas também com a possibilidade de haver um assaltante no prédio. Quando os policiais chegaram, vasculharam todo o prédio e as imediações, e posteriormente ouviram possíveis suspeitos e testemunhas, até concluírem que não houve uma terceira pessoa no apartamento. Todo aquele discurso não fazia o menor sentido.

Os acusados se recusaram a participar da reconstituição do crime, o que lhes daria a chance, ao menos, de mostrar a lógica de sua versão dos fatos, sua verdade. Valeram-se da lei de que "ninguém é obrigado a produzir provas contra si mesmo". Convenhamos: um inocente de fato tem na reconstituição uma grande oportunidade de provar sua inocência. Negar-se a isso é, no mínimo, suspeito.

Desde o princípio, a delegada Renata Pontes estranhou os depoimentos de Jatobá e Nardoni e, com o decorrer das investigações, das provas periciais e dos laudos dos médicos-legistas, teve certeza de que eles eram os autores do crime: "Mantiveram a mentira de forma dissimulada, desprezando o bom senso de todos, para permanecer impunes". A mesma certeza teve o promotor de Justiça dr. Francisco José Cembranelli, responsável pela denúncia e pela acusação dos réus até o desfecho em tribunal.

Anna Jatobá, dona de temperamento forte, possessiva, agressiva, extremamente ciumenta, não tolera frustração ou ser contrariada e traz um histórico de acessos de raiva contra o pai e o marido; Alexandre Nardoni, ausente como pai, agressivo, impulsivo, egocêntrico, ameaçador, racional e tão frio que foi incapaz de derramar lágrimas. Um casal que vivia em desarmonia, com constantes discussões acirradas, recheadas de palavrões e agressões. Em vários depoimentos de testemunhas há relatos de brigas, principalmente por causa do ciúme doentio que a madrasta tinha de Alexandre e de Isabella.

Às vésperas de a tragédia completar dois anos, iniciou-se o julgamento, que duraria cinco dias e poria fim a todas as farsas e versões contadas desde o dia do assassinato. Ambos negaram, veementemente, a autoria do crime até o fim. Anna Jatobá chorou quase o tempo todo, estava agitada, atropelou-se na acareação. Alexandre Nardoni, o pai, não: ele, que atirou uma criança pela janela como se descarta um objeto qualquer, esteve no julgamento com aparência serena, fez um discurso quase monocórdico e procurou provar sua inocência o tempo todo, indiferente, esquecendo-se de demonstrar, ao menos de forma mais convincente, que a vítima era sua própria filha. Por muitas vezes, seu olhar parecia estar no vazio, sem nenhuma expressão, como se não fizesse parte do contexto ou ouvisse apenas um relato de alguém muito distante, sem vínculo afetivo algum.

Mentiu. Teve dois anos para se arrepender, mudar seu depoimento, sentir culpa, chorar um choro sincero, mas não o fez. Sustentou sua versão.

Além das investigações policiais, as provas periciais científicas, que empregaram tecnologia de última geração, realizadas com extremo critério pelos peritos e médicos-legistas, foram cruciais e determinantes para reconstituir o passo a passo daquela noite. A comparação cronológica de cada ligação dentro e fora do apartamento, de cada movimento, minuto a minuto, foi desmantelando, de forma irrefutável, toda a tese da defesa dos réus. O corpo de jurados não teve dúvidas.

Em 27 de março de 2010, pouco depois da meia-noite, o juiz de direito Maurício Fossen, do 2º Tribunal de Júri de São Paulo, leu a sentença de condenação de crime doloso triplamente qualificado (com utilização de meio cruel, ocultação de outro crime e impossibilidade de defesa da vítima): Alexandre Alves Nardoni foi sentenciado a 31 anos, um mês e dez dias em regime fechado; Anna Carolina Trotta Peixoto Jatobá foi condenada a 26 anos e oito meses de reclusão. Em maio de 2011, Alexandre teve pena reduzida e fixada em trinta anos e dois meses. Ambos estão presos na penitenciária de Tremembé, no interior do estado de São Paulo.

Mesmo após a decisão da Justiça, todos nós, que acompanhamos o caso, continuamos perplexos. Que espécie de ser humano é esse capaz de torturar e "descartar" uma garotinha pela janela? E por quê? Embora seja difícil aceitar, por tudo o que já vimos até aqui, podemos concluir que crimes cometidos com tamanha perversidade e frieza só podem ser obra de alguém com um perfil psicopático. Os motivos são fúteis; qualquer coisa é pretexto para um crime.

Isabella de Oliveira Nardoni nasceu em 18 de abril de 2002, era meiga, feliz, de sorriso fácil; teve o amor e o afeto de sua mãe, dos avós, e ficará para sempre na memória de todos.[16]

Um caso mais detalhado: O assassinato de Daniella Perez

Guilherme de Pádua Thomaz:
"Ambição, egocentrismo, megalomania, sede de poder e sucesso"

O país inteiro, chocado e revoltado, acompanhou, passo a passo, a tragédia do assassinato de uma jovem e talentosa atriz, adorada por uma legião de fãs. Um crime que teve repercussão mundial e que dificilmente será apagado da memória do público brasileiro.

Na noite do dia 28 de dezembro de 1992, Daniella Perez, de 22 anos, foi brutalmente assassinada a poucos quilômetros do estúdio Globo Tycoon, num matagal na Barra da Tijuca, Zona Oeste do Rio de Janeiro. Segundo a perícia, ela foi morta com dezesseis golpes de um instrumento "perfurocortante" (punhal), desferidos no pescoço e no tórax e perfurando a traqueia, o pulmão e o coração.

O crime ocorreu pouco depois da gravação da novela *De corpo e alma*, de autoria de Gloria Perez (mãe de Daniella), exi-

---

16. Programa *Fantástico*, Rede Globo de Televisão, exibido em 20 abr. 2008; *Veja*, ed. 2.058. 30 abr. 2008; *Jornal Nacional*, Rede Globo de Televisão, exibido em 1º maio 2008; *Jornal do Terra*, 9 maio 2008; G1: <www.g1.com. br>. Acesso de 30 abr. 2008 a 16 maio 2008. *A prova é a testemunha*, Ilana Casoy, Larousse, 2010.

bida pela Rede Globo de Televisão. Na trama, Daniella interpretava a doce e romântica bailarina Yasmin, namorada do motorista ciumento e machão Bira, interpretado por Guilherme de Pádua Thomaz, de 23 anos. Algumas horas após gravar sua última cena, o corpo da atriz foi encontrado depois que os moradores de um condomínio próximo, ao avistar dois carros parados em local tão suspeito, acionaram a polícia.

Um dos moradores teve o cuidado de anotar as placas dos carros, o que levou a polícia, na manhã do dia seguinte, a bater na porta do principal suspeito. Tratava-se do próprio Guilherme de Pádua, um assassino frio e calculista, capaz de ir "prestar solidariedade" na delegacia a Gloria Perez e ao ator Raul Gazolla, marido de Daniella, antes de ser descoberto.

O delegado que conduziu as investigações, Cidade de Oliveira, disse que Guilherme, ao dar seu depoimento, negou a autoria do crime, mas, por causa das provas evidenciais, acabou confessando que matou Daniella. O delegado também afirmou que, durante todo o interrogatório, Guilherme estava calmo e relatou o assassinato sem esboçar nenhuma reação. A confissão foi registrada na presença de alguns advogados e logo depois, ainda na delegacia, Guilherme insinuou que sua esposa, Paula de Almeida Thomaz, de dezenove anos, era cúmplice do crime. Ambos foram presos e aguardaram o julgamento.

De acordo com os policiais, Paula reconheceu que participou da barbárie apenas informalmente: os advogados não permitiram que ela assinasse a confissão. Depois disso, Paula jamais admitiu ter matado Daniella, nem sequer ter estado no local do crime. Contou simplesmente uma história improvável: naquele dia, teria ficado por mais de sete horas passeando pelos corredores de um shopping center na Barra da Tijuca. No entanto, durante essas longas horas, Paula não comprou nada e também não foi vista por ninguém.

Durante o processo, circularam várias versões que tentavam explicar o motivo da morte de Daniella. Muitas delas fantasiosas e totalmente absurdas, que, além de denegrir a imagem da atriz, acabaram por confundir o grande público e suscitar a imaginação de muitos. Isso ocorreu principalmente porque, depois da sua confissão, Guilherme conseguiu na Justiça o direito de só voltar a ser interrogado em juízo. Assim, durante cinco anos, ele disse o que quis e da forma que lhe foi mais conveniente, com o claro intuito de desviar o foco das verdadeiras motivações do crime.

As versões sem cabimento de Guilherme

Na confissão, Guilherme conta que matou Daniella porque ela o assediava de todas as formas possíveis e estava ameaçando destruí-lo profissionalmente. Usando de artifícios, ela o teria levado para um sinistro matagal, onde tentou beijá-lo à força. Diante da recusa, bateu nele de modo tão violento que, assustado, ele se defendeu usando a tesoura que casualmente encontrou no carro.

Num momento posterior, deu outra explicação para os golpes que vitimaram a atriz: depois de se defender do ataque de Daniella aplicando-lhe uma "gravata", vendo-a desfalecida e acreditando que ela poderia morrer, teria tentado salvá-la fazendo uma traqueostomia com uma tesoura.

Na última versão, Paula aparece como única responsável pelo crime: para provar a ela que não tinha nenhum envolvimento com Daniella, Guilherme articulou o encontro, permitindo que Paula ficasse escondida no banco de trás do seu automóvel para ouvir a conversa dos dois sem que Daniella tivesse conhecimento disso. Durante a conversa, Paula, enfurecida de ciúme, saiu do carro e atacou Daniella, tentando atingi-la primeiro com uma chave de fenda e, não conseguindo perfurá-la com esse instrumento, voltou ao carro e apanhou uma tesoura. De acordo com seu depoimento, na tentativa de apartar a briga das duas, Guilherme colocou o braço ao redor do pescoço de Daniella, aplicando-lhe acidentalmente a "gravata" que a fez desfalecer. Julgando-a morta, Paula aplicou os golpes de tesoura, para que o crime pudesse ser atribuído a fãs enlouquecidos.

Crime passional ou premeditado?

Precisamos ter em mente que, em todas as versões e suas variantes, Guilherme teve como propósito convencer a todos que o crime ocorreu "sob violenta emoção", configurando-o como passional. Para a defesa, essa estratégia baseada em história inverossímil faria com que a pena fosse atenuada e, logo depois do julgamento, Guilherme conquistasse a liberdade.

A pretensão, porém, não resistiu à comprovação dos fatos. Ficou provado que o crime foi *premeditado*, ou seja, que Paula e Guilherme saíram de casa com o firme propósito de matar a jovem atriz. Ao contracenar com Daniella naquela noite, Guilherme já sabia que a mataria, quando, onde e como o faria.

É importante esclarecer que Daniella *nunca* assediou Guilherme de Pádua. Pelo contrário, atores e funcionários da Globo disseram que era Guilherme quem assediava Daniella. Ele a procurava constante e insistentemente para se queixar dos seus problemas, fazendo-se de vítima, a ponto de se tornar uma pessoa totalmente inconveniente. Na noite do crime, Guilherme também foi visto por várias vezes "cercando" a atriz, batendo na porta do camarim feminino, entregando-lhe bilhetes.

Para entender isso, é preciso expor ao leitor a verdade dos fatos, relatados aqui de forma breve, todos comprovados em juízo:

Daniella foi vítima de uma *emboscada*: depois de espancada e desacordada, foi levada ao matagal ermo e escuro onde encontraram seu corpo.

No dia do assassinato, Guilherme usou o carro de seu sogro (um Santana) e adulterou com perfeição a placa do veículo: transformou a letra "L" em "O". Ele saiu dos estúdios de gravação da Globo dirigindo o Santana e com Paula escondida sob um lençol no banco traseiro. Guilherme parou logo em seguida no acostamento do posto de gasolina Alvorada, que ficava a cerca de trezentos metros dali. Ele esperou o momento certo de agir.

Pouco depois, entre 21 horas e 21h30, Daniella, que também havia deixado os estúdios da Globo, entrou no mesmo posto para abastecer seu carro (um Escort), sem ter a mínima noção de que seus assassinos estavam tão próximos. Na saída do posto, Daniella recebeu uma "fechada" de Guilherme, e os dois saíram do carro. Guilherme, então, desferiu um soco violento no rosto da atriz, aplicou-lhe uma "gravata" e a jogou para dentro do Santana. Nesse momento, Paula saiu do banco de trás do Santana e assumiu a direção do carro. Guilherme, dirigindo o Escort, seguiu Paula até o local onde Daniella foi assassinada da forma mais cruel possível.

Segundo a perícia, das dezesseis perfurações encontradas no corpo de Daniella, quatro foram na região da garganta e doze no tórax; *oito* delas estavam concentradas na área do coração:

Havia uma intenção visível de atingir um órgão nobre. Não há nem como arguir de que seria uma coisa impensada: foi intencional. E também ninguém adultera a placa de um automóvel num crime passional. A placa de um automóvel só é adulterada para uma prática ilícita, seja ela qual for [...]. É um crime indubitavelmente premeditado, praticado de uma forma brutal.

Talvane de Moraes, médico-legista,
diretor da Polícia Técnica do Rio de Janeiro[17]

O casal ainda passou num posto para lavar as manchas de sangue que ficaram no interior do Santana e depois foi para casa dormir. Tudo foi programado, planejado e arquitetado, nos detalhes mais sórdidos.

Por que Daniella foi morta? Qual a verdadeira motivação do crime?

Os motivos alegados por Guilherme, de que matou Daniella porque ela o assediava, além de serem totalmente inverídicos, foram revoltantes. No entanto, a verdadeira motivação do crime está clara ao analisarmos a personalidade e o comportamento do assassino.

Uma pessoa arrogante, descontrolada, agressiva, de convívio difícil, ambiciosa, vaidosa, exibicionista, que não se conformava em fazer papéis secundários: assim foi definido Guilherme de Pádua por seus próprios colegas de profissão. Ele, que até então não passava de um ator medíocre, e que mal saía do anonimato ao atuar numa novela de grande audiência, já se sentia um "ser

---

17. Programa *Sem censura*, TVE Brasil, exibido em 4 jan. 1993.

superior". Estava ali a grande chance de saltar para o universo da fama, do sucesso e do poder tão almejado. Antes, porém, seu personagem, Bira, dependia de um roteiro que não estava previsto: passar de simples coadjuvante a protagonista.

O ambicioso projeto de ascensão profissional de Guilherme — ser o astro principal da novela das oito da Rede Globo — fracassou. Ele mesmo chegou a declarar à imprensa e em depoimento à Justiça que, na semana do crime, pela primeira vez, desde o início da novela *De corpo e alma*, ao receber o bloco de cenas, verificou que seu personagem estaria ausente de dois capítulos. Isso o fez ficar em estado de alerta e, de forma insistente e assediadora, procurou Daniella para saber por que seu papel estava se esvaziando. Afinal, como ele mesmo declarou em juízo e à repórter Lucileia Cordovil, numa demonstração explícita de manipulação, havia procurado se tornar amigo de Daniella por interesse: "Até porque ela era filha da autora da novela; até no enredo ela ajudava".

No decorrer da trama, Guilherme usou de todos os recursos manipulatórios possíveis para persuadir Daniella a influenciar Gloria Perez a reescrever o seu enredo. Não conseguiu e, numa reação de ira pela frustração, *premeditou, planejou* e *executou* de forma maquiavélica o assassinato da atriz.

Na realidade, a tendência natural de todos é sempre buscar explicações lógicas que justifiquem um ato tão cruel. No entanto, para pessoas com mentes perversas, qualquer motivo é motivo.

Essa pessoa (Guilherme) não tem a *consciência* que nós temos, que é necessária para que a gente viva em sociedade: a consciência do direito dos outros, a consciência do direito básico a existir. Uma pessoa com esse tipo de mente, com esse tipo de formação mental, é um "monstro"; não é um ser humano normal, e tem que estar isolado da sociedade mesmo! É um "monstro" moral, [...] não funciona como as outras pessoas funcionam. Parece que é gente, mas não é gente. A mente funciona de uma maneira completamente torta. As razões, os porquês (do assassinato)... esse tipo de porquê é completamente aleatório [...]. Não é um tipo de crime que tenha uma explicação dentro da lógica natural do ser humano.

Luiz Alberto Py, psicanalista[18]

Talvane de Moraes, psiquiatra e diretor da Polícia Técnica, esclareceu, no mesmo programa, que, por seus anos de experiência, não teve dúvida de que o assassino sabia exatamente o que estava fazendo. Portanto, não haveria nenhuma possibilidade de Guilherme ser um doente mental. Além disso, o fato de Guilherme de Pádua não ser uma pessoa desconhecida, mas sim um companheiro de trabalho, implica que ele estava se utilizando da confiança da vítima, o que agrava a característica monstruosa da personalidade de Guilherme.

Guilherme no tribunal

Ao longo do julgamento no 1º Tribunal do Júri, Guilherme foi irônico, cínico, e chegou a interromper e corrigir o juiz José Geraldo Antônio e até chamar a atenção dele.

Familiares e amigos da atriz se chocaram com a postura do réu durante seu depoimento. Utilizando-se de "representações" teatrais, Guilherme chegou a mudar o tom de voz para "interpretar" as vozes de Daniella e Paula. Todos os presentes ficaram

---

18. Programa *Sem censura*, TVE Brasil, exibido em 4 jan. 1993.

em silêncio, estarrecidos, quando ele imitou como Daniella teria caído ao ser vitimada.

> Ele foi frio; não demonstrou arrependimento algum. Foi absolutamente debochado e petulante com o juiz. Fiquei chocada. Como ator, no entanto, ele foi excelente.
>
> Vera Lúcia Alves, presidente do Movimento pela Vida

Como um traço marcante da personalidade de Guilherme, destaco sua declaração explícita de indiferença, frieza e cinismo:

> O seio esquerdo de Daniella ficou desnudo. Aquilo me chocou. Cobri o seio, ajeitei os braços, que estavam para cima, para que não ficasse tão feia. Eu sabia que ela seria fotografada depois.
>
> Guilherme de Pádua[19]

A sentença de Guilherme de Pádua

No dia 27 de janeiro de 1997, Guilherme foi julgado e condenado pelo júri a dezenove anos de prisão por homicídio duplamente qualificado: inciso I, motivo torpe, e inciso IV, sem chances de defesa da vítima. Ao ler a sentença, o juiz José Geraldo Antonio afirmou:

> A conduta do réu exteriorizou uma personalidade violenta, perversa e covarde quando destruiu a vida de uma pessoa indefesa, sem

---

19. *O Globo*, 23 jan. 1997; *O Dia*, 24 jan. 1997.

nenhuma chance de escapar ao ataque de seu algoz, pois além de desvantagem na força física, o fato se desenrolou em local onde jamais se ouvia o grito desesperador e agonizante da vítima. Demonstrou o réu ser uma pessoa inadaptada ao convívio social por não vicejarem no seu espírito os sentimentos de amizade, generosidade e solidariedade, colocando acima de qualquer outro valor a sua ambição pessoal.

O juiz observou ainda que Guilherme só não foi condenado a mais tempo porque se tratava de um réu primário. O veredicto, acompanhado por centenas de pessoas, foi aplaudido de pé.

Quatro meses depois, Paula foi condenada a dezoito anos e seis meses.

> Em nenhum momento Guilherme demonstrou sentimento algum de arrependimento, culpa ou consideração para com a vítima ou por alguém da família dela. Ao contrário, ele aproveitou de todos os espaços obtidos na imprensa para se enaltecer, num gesto explícito de exibicionismo e vaidade.

Depois da morte de sua filha, a escritora Gloria Perez iniciou um movimento para mudar o Código Penal Brasileiro. Ela colheu mais de 1 milhão de assinaturas, que fizeram incluir o homicídio qualificado na lista dos crimes hediondos. Estes recebem tratamento legal um pouco mais severo e impossibilitam o pagamento de fiança e o cumprimento da pena em regime aberto ou semiaberto. Como o assassinato de Daniella foi anterior à instauração da nova lei, Paula e Guilherme foram beneficiados e cumpriram menos de um terço da pena em regime fechado.

Em 1999, sete anos depois do crime, Guilherme e Paula foram soltos e, atualmente, caso voltem a cometer outros crimes, serão considerados réus primários.[20]

Dói demais a sapatilha quieta, presa na parede. O lugar na mesa que sempre vai estar vazio. Os silêncios, onde antes eram música e risos de alegria.

Gloria Perez
(Carta lida na missa de quinze anos da morte
de Daniella, em 28 de dezembro de 2007)

---

20. *Veja*. 28 ago. 1996; *Jornal nacional*, Rede Globo de Televisão, exibido em 29 dez. 1992, vídeo capturado do YouTube: <www.youtube.com.br/ricardoza-non>. Acesso em 3 nov. 2007; programa *Fantástico*, Rede Globo de Televisão, exibido em 25 ago. 1996, vídeo capturado do YouTube: <www.youtube.com.br/ricardozanon>. Acesso em 15 nov. 2007; programa *Fantástico*, Rede Globo de Televisão, exibido em 30 dez. 2007, vídeo capturado do YouTube: <www.youtube.com.br/madlovis>. Acesso em 30 dez. 2007; vídeos capturados do YouTube e postados por Gloria Perez: <www.youtube.com.br/gfperez>. Acesso entre 12 jan. 2007 e 12 abr. 2008; autos do processo; entrevista de Guilherme de Pádua à repórter Lucileia Cordovil, no presídio de Água Santa; entrevista de Guilherme de Pádua a Jorge Tavares: *O Dia*, 7 jan. 1993, e *O Globo*, 8 jan. 1993.

*Existe uma fração minoritária de
psicopatas com uma insensibilidade
tamanha que suas condutas criminosas
podem atingir perversidades inimagináveis.*

9
PSICOPATAS
PERIGOSOS DEMAIS

Como já foi mencionado, os psicopatas não são necessariamente assassinos. Em geral, eles estão envolvidos em transgressões sociais, como tráfico de drogas, corrupção, roubos, assaltos à mão armada, estelionatos, fraudes no sistema financeiro, agressões físicas, violência no trânsito etc. Porém, na maioria das vezes, não são descobertos nem penalizados por seu comportamento ilícito. Um exemplo típico de tal comportamento é o abuso físico e psicológico de mulheres e de crianças que, infelizmente, constitui uma transgressão de difícil controle social. Se existe uma "personalidade criminosa", esta se realiza por completo no psicopata. Ninguém está tão habilitado a desobedecer às leis, enganar ou ser violento como ele.

É importante ter em mente que todos os psicopatas são perigosos e desprezam a vida humana, independentemente do nível de gravidade. Porém, existe uma fração minoritária de psicopatas com uma insensibilidade tamanha que suas condutas criminosas podem atingir perversidades inimagináveis. Por esse motivo, costumo denominá-los de psicopatas severos ou perigosos demais. São os criminosos que mais desafiam a nossa capacidade de entendimento, aceitação e adoção de ações preventivas contra as suas transgressões. Seus crimes não apresentam motivações aparentes nem guardam relação direta com situações pessoais ou sociais adversas.

Segundo o psicólogo canadense Robert Hare, a prevalência desses indivíduos na população carcerária gira em torno de 20%.

No entanto, essa minoria é responsável por mais de 50% dos crimes graves cometidos quando comparados aos outros presidiários. Além disso, tudo indica que esses números também são válidos para os psicopatas que se encontram fora do sistema penitenciário.

É impressionante, apesar de não ser surpreendente, a reação apresentada pelo psicopata severo diante de situações que envolvem violência física, intimidação ou provocações. Eles sempre demonstram um misto de satisfação, prazer, sensação de poder e indiferença. No entanto, são incapazes de sentir algum tipo de arrependimento perante o mal que causaram às suas vítimas.

No caso específico da violência sexual praticada por psicopatas, a situação chega a ser assustadora. Tudo indica que os estupradores em série, em sua grande maioria, são psicopatas severos. Seus atos são o resultado de uma combinação muito perigosa: a expressão totalmente desinibida de seus desejos e fantasias sexuais, seu anseio por controle e poder e a percepção de que suas vítimas são meros objetos destinados a lhes proporcionar prazer e satisfação imediata. Puro exercício de luxúria grotesca!

O norte-americano Theodore Robert Cowell, conhecido como Ted Bundy, foi o mais perigoso e temido *serial killer* do século XX, inspirador do livro *O silêncio dos inocentes*, de Thomas Harris, e do filme homônimo, bem como de muitas novelas policiais e seriados de TV. Segundo o FBI, ele assassinou, estuprou, torturou, mutilou, esquartejou e decapitou 35 mulheres, em vários estados dos EUA, entre 1974 e 1978. No entanto, ele mesmo afirmou que o número havia sido muito superior ao oficial; acredita-se que foram mais de cem vítimas.

Pela versão da polícia, Ted Bundy começou a cometer crimes assustadores aos 28 anos, na cidade de Seattle, mas especialistas suspeitam que foi a partir dos quinze — época em que uma menina de oito anos desapareceu. Sabe-se também que com apenas três anos Ted Bundy chegou a colocar várias facas na cama, que apontavam para a cabeça de sua tia, enquanto ela dormia.

Na adolescência, ele já se consolidava como um ladrãozinho e suspeito de alguns assaltos em residências. No segundo grau, Ted era habilidoso e se mostrava simpático aos professores, mas não mantinha bons vínculos com os colegas. Preferia manipular os professores a seu favor e exercer sua capacidade de se expressar com desenvoltura. O colégio foi um grande laboratório para sua sofisticação. Ele se formou e foi qualificado como excelente aluno.

Na universidade, mostrava-se um jovem bem relacionado, atraente, extremamente sedutor, inteligente, bem articulado, agradável. Cursou direito e psicologia nas melhores universidades norte-americanas, foi um aluno excepcional e, para as pessoas do seu convívio, era acima de qualquer suspeita. Criou uma imagem respeitável, foi funcionário da Administração de Justiça de King County, tinha um futuro político promissor, passava por um homem de bem. Foi até voluntário para ajudar pessoas suicidas em uma empresa que prestava auxílio por telefone.

Por trás da máscara, escondia-se um homem arrogante, de extrema frieza, irônico, manipulador, megalomaníaco, bastante vaidoso, sádico e com muita sede de sangue.

As vítimas eram, preferencialmente, mulheres universitárias bem jovens, de estatura mediana, bonitas, de cabelos lisos e repartidos ao meio. Ele buscava vítimas incessantemente em várias universidades e em estados diferentes dos Estados Unidos. Elas simplesmente desapareciam de forma misteriosa. Anos mais tarde, ele revelou uma das táticas que utilizava para atrair suas vítimas. Usava muletas, fingindo estar machucado, e, quando encontrava a vítima perfeita, derrubava alguns livros no chão. Solicitava, gentilmente, que ela o ajudasse a pegá-los e levá-los até o carro. Lá mesmo, ele a golpeava brutalmente na cabeça com uma barra de ferro e a colocava dentro do carro. Ela era algemada, levada para os bosques de Seattle e abusada sexualmente. Para Bundy, a melhor maneira de desfrutar de "um bom sexo" era algemar uma mulher bonita e aterrorizá-la, deixando claro que ela morreria. Além de estuprar, estrangular e esquartejar as vítimas, ele também introduzia objetos na vagina das jovens, cortava a cabeça delas e as guardava como verdadeiros troféus. Costumava voltar à cena do crime por diversas vezes, levava os corpos para casa, maquiava-os e praticava necrofilia. Ted era bastante diversificado na forma de exercer sua sordidez.

Em 1976, Ted foi capturado e identificado como agressor por uma das vítimas que conseguiu fugir. Tornou-se um fenômeno da mídia, exibindo suas algemas com sorrisos sarcásticos e declarando-se inocente. Além disso, tinha uma legião de admiradoras, que se sentiam atraídas por seu jeito encantador e muito seguro de si. Não conseguiam imaginar que, se um dia tivessem algum contato com ele, se tornariam vítimas em potencial. Embora fosse difícil acreditar que aquele homem "impecável" fosse um *serial killer*, a polícia conseguiu reunir provas e relacionar os desaparecimentos até chegar a um único nome: Ted Bundy.

Ele foi julgado em Utah e condenado a quinze anos de prisão. Em 1977, foi julgado no Colorado, advogando em sua própria causa, já que se considerava a única pessoa que estaria apta a defendê-lo e a manipular o sistema judicial. No entanto, em nenhum momento confessou a autoria dos crimes; negou até o fim. Ted zombou da Justiça e fugiu da prisão do Colorado por duas vezes, continuou sua matança desenfreada e se tornou o homem mais procurado pelo FBI. Usando várias identidades e disfarces, conseguiu chegar a Talarrassi, na Flórida, onde fez mais vítimas — a última com apenas doze anos de idade.

Em 15 de janeiro de 1978, foi capturado definitivamente e, em julho de 1979, foi a julgamento — sendo mais uma vez seu próprio defensor — e condenado à pena de morte na cadeira elétrica. Depois de várias apelações, conseguiu adiar a execução por dez anos, até esgotar todas as possibilidades legais. Na manhã de 24 de janeiro de 1989, aos 41 anos, foi eletrocutado na Flórida. Antes de sua execução, perguntaram-lhe como se sentia ao matar uma pessoa: "Quando você sente que a vítima exala seu último suspiro, olha nos olhos dela e, nesse instante, você é Deus".

> [Ted] considerava suas vítimas como coisas, não como pessoas. Nunca o ouvi se referir a elas como mulheres; para ele, não passavam de simples objetos.
>
> Robert Keppel, investigador do caso, em Washington[21]

Como em qualquer lugar do mundo, no Brasil também temos estupradores em série, e como exemplo cito o caso do motoboy Francisco de Assis Pereira, também conhecido como o Maníaco do Parque. Entre 1997 e 1998, ele estuprou, torturou e matou pelo menos onze mulheres no parque do Estado, situado na Zona Sul da cidade de São Paulo.

Após ser capturado pela polícia, o que mais impressionou as autoridades foi como um homem feio, pobre, de pouca instrução e que não portava armas conseguiu convencer várias mulheres — algumas instruídas e ricas — a subir na garupa de uma moto

---

21. "Biography: Ted Bundy", History Channel. Disponível em <http://www.youtube.com/watch?v=_rNVwBl_bFw>. Acesso em 21 jan. 2012; "Serial killers: A última entrevista de Ted Bundy" [Legendado]. Disponível em <http://www.youtube.com/watch?v=nVain2j_uK0>. Acesso em 24 maio 2013.

e ir para o meio do mato com um sujeito que tinham acabado de conhecer.

No interrogatório, com fala mansa e pausada, Francisco relatou que era muito simples: bastava dizer aquilo que elas queriam ouvir. Ele as cobria de elogios, identificava-se como um fotógrafo de moda, oferecia um bom cachê e as convidava para uma sessão de fotos em um ambiente ecológico. Dizia que era uma oportunidade única, algo predestinado, que não poderia ser desperdiçado.

Com igual tranquilidade, o réu confesso também narrou como matou suas vítimas: com o cadarço dos sapatos ou com uma cordinha que às vezes levava na pochete. "Eu dava meu jeito", complementou. Nos vários depoimentos, frases do tipo "Matei. Fui eu", "Sou ruim, gente. Ordinário" ou "Não venha comigo... Não aceite meu convite... Se você vier vai se dar mal" fizeram com que o país mergulhasse na mente de um assassino brutal.

Em 2002, o *serial killer* foi condenado a mais de 260 anos de reclusão; no entanto, como reza a lei, ele cumprirá no máximo trinta. Atualmente, Francisco está no presídio de segurança máxima de Itaí, na região de Avaré, interior de São Paulo.

Francisco, que já foi professor de patinação, tinha tudo para passar despercebido: era afável e simpático, adorado pelas crianças, e fazia o estilo "boa-praça" ou "gente fina". Puro disfarce: ali se escondia um matador cruel e irrefreável.[22]

Em relação à violência doméstica, os estudos realizados por Robert Hare com homens que agrediram a esposa revelaram que 25% deles eram psicopatas. Podemos observar que esses índices são bastante semelhantes ao número de psicopatas presentes no

---

22. *Veja*, ed. 1.559, 12 ago. 1998; *Veja em Dia*, disponível em <www.vejaonline. abril.com.br>. Acesso em 24 jun. 2008.

sistema carcerário. Isso demonstra mais uma vez que, dentro ou fora da prisão, a agressividade e a violência são marcas registradas desses indivíduos.

Como exemplo de violência doméstica, é importante deixar registrado o caso de Maria da Penha Maia, que deu origem à Lei da Violência Doméstica e Familiar contra a Mulher — também conhecida como Lei Maria da Penha —, sancionada em agosto de 2006.

Em 1983, a biofarmacêutica Maria da Penha Maia Fernandes, de Fortaleza (CE), sofreu duas tentativas de homicídio por parte de seu marido, o professor universitário Marco Antônio Viveiros. Na primeira tentativa, Maria da Penha foi atingida por um tiro na coluna, que a deixou paraplégica e internada por meses. Como se não bastasse, duas semanas após sair do hospital, Marco Antônio tentou eletrocutá-la durante o banho.

Na ocasião, ela tinha 38 anos e três filhas pequenas. A investigação do crime começou em junho de 1983, mas a denúncia foi apresentada ao Ministério Público estadual apenas em setembro de 1984. Somente em outubro de 2002, quase vinte anos depois, Viveiros foi parar atrás das grades.

Ao longo desses anos todos, Maria da Penha travou uma luta incessante para punir seu agressor, recorrendo inclusive à Justiça internacional — Comissão Interamericana dos Direitos Humanos (CIDH), da Organização dos Estados Americanos (OEA) —, que acatou, pela primeira vez, um crime de violência doméstica.

Em razão da demora no processo contra Marco Antônio, o Estado brasileiro foi obrigado pela OEA a tomar medidas efetivas para que se fizesse justiça, além de pagar uma indenização à vítima. Viveiros passou apenas dois anos na prisão e, atualmente, cumpre o restante da pena em liberdade.

Após as tentativas de homicídio, Maria da Penha começou a atuar em movimentos sociais contra a violência e a impunidade e hoje é coordenadora de estudos, pesquisas e publicações da Associação de Parentes e Amigos de Vítimas de Violência (APAVV), no Ceará. Maria da Penha é considerada símbolo do combate à violência doméstica no Brasil.

Em janeiro de 2011, Marco Antônio foi entrevistado por Solange Azevedo, da revista *IstoÉ Independente*. Um senhor de fala mansa, pausada, palavras e sorrisos afáveis, contou a versão dele: negou tudo, inverteu totalmente a história, fez-se de vítima e foi capaz de dizer que "Maria da Penha me transformou num monstro".[23]

É importante assinalar que não estou afirmando que Marco Antônio Viveiros seja um autêntico psicopata. Porém o comportamento dele no caso relatado sugere que o seu proceder guarda estreita semelhança com indivíduos portadores de psicopatia.[24]

Psicopatia e reincidência criminal

Não é preciso ser vidente para perceber que pessoas com histórico de crimes violentos representam uma ameaça muito maior para a sociedade do que os criminosos que não apresentam a violência como marca registrada em seus crimes. Uma boa maneira de "prever" o que uma pessoa poderá fazer no futuro é saber o que ela fez no passado. Apesar de parecer algo empírico demais, essa informação pode ser tomada como base para que

---

23. *IstoÉ Independente*, ed. 2.150. Disponível em <http://www.istoe.com.br/reportagens/121068_A+MARIA+DA+PENHA+ME+TRANSFORMOU+NUM+-MONSTRO+>. Acesso em 21 jan. 2011.

24. G1: <www.g1.com.br>. Acesso entre 18 jun. 2006 e 13 mar. 2008; *Jornal nacional*, Rede Globo de Televisão, exibido em 7 jul. 2008.

o sistema de Justiça criminal tome decisões pertinentes a penas e concessão de benefícios para criminosos.

Estudos revelam que a taxa de reincidência criminal (a capacidade de cometer novos crimes) dos psicopatas é cerca de duas vezes maior que a dos demais criminosos. E quando se trata de crimes associados à violência, a reincidência cresce para três vezes mais.

Por tudo o que foi visto neste capítulo, distinguir os criminosos mais violentos e perigosos dos demais detentos pode trazer benefícios tanto para o sistema penitenciário quanto para a sociedade como um todo. Não podemos esquecer que os psicopatas são manipuladores inatos e que, em função disso, costumam utilizar os outros presidiários para obter vantagens pessoais. Muitas vezes, assistindo aos noticiários da TV, pude observar como as rebeliões nos presídios têm a orquestração dos psicopatas. Eles fazem com que alguns prisioneiros se tornem reféns indefesos no processo de negociação com as autoridades.

No sistema carcerário brasileiro, não existe um procedimento de diagnóstico para a psicopatia quando há solicitação de benefícios ou redução de penas ou para julgar se o preso está apto a cumprir sua pena em regime semiaberto. Se tais procedimentos fossem utilizados dentro dos presídios brasileiros, com toda a certeza os psicopatas ficariam presos por muito mais tempo e as taxas de reincidência de crimes violentos diminuiriam significativamente. Nos países onde a escala Hare (PCL) foi aplicada com essa finalidade, constatou-se uma redução de dois terços das taxas de reincidência nos crimes mais graves e violentos. Atitudes como essas acabam por reduzir a violência na sociedade como um todo.

A psiquiatra forense Hilda Morana, responsável pela tradução, adaptação e validação do PCL para o Brasil, além de tentar aplicar o teste para a identificação de psicopatas nos nossos presídios, lutou para convencer deputados a criar prisões especiais para eles. A ideia virou um projeto de lei que, lamentavelmente, não foi aprovado.

Um caso que exemplifica a importância de medidas como as descritas acima é o de Francisco Costa Rocha, mais conhecido como Chico Picadinho, autor de dois dos crimes de maior repercussão da história policial brasileira. Em 1966, Francisco, que até então parecia ser uma pessoa normal, matou e esquartejou a bailarina Margareth Suida no apartamento dele, no centro de São Paulo. Chico foi condenado a dezoito anos de reclusão por homicídio qualificado e mais dois anos e seis meses por destruição de cadáver. No interrogatório, Francisco foi capaz de relatar com riqueza de detalhes como a vítima foi retalhada e esquartejada. Em junho de 1974, oito anos depois de ter cometido o primeiro crime, Francisco recebeu liberdade condicional por bom comportamento. No parecer para concessão de liberdade condicional, feito pelo então Instituto de Biotipologia Criminal, constava que ele tinha "personalidade com distúrbio profundamente neurótico", excluindo o diagnóstico de personalidade psicopática. No dia 15 de outubro de 1976, Francisco matou Ângela de Souza da Silva com requintes de crueldade e sadismo mais sofisticados que em seu crime anterior.

Novamente preso, Chico já cumpriu quase quarenta anos de reclusão e, mesmo com todos os recursos da defesa, poderá ficar detido por prazo indeterminado. Os últimos exames periciais, realizados em 2010, demonstraram que, em função de sua indiferença pelas vítimas, ele representa uma ameaça à sociedade, podendo cometer novos crimes.

Certamente, se não tivesse sido solto na primeira vez, não teríamos tido uma segunda vítima.

*Psicopatas transformam um lar
em um verdadeiro inferno na Terra.
Por onde passam, deixam seus rastros
de destruição e desarmonia.*

10
PSICOPATAS NO
AMBIENTE FAMILIAR

A palavra *família* pode ter diversos significados. Trata-se de um substantivo feminino que, de forma geral, é usado para se referir a um grupo de pessoas que vive sob o mesmo teto ou que apresenta laços de parentesco entre si. À primeira vista, essa definição simples já seria suficiente para abranger um número considerável de grupos de pessoas. Mas o conceito de família vem evoluindo de forma bastante rápida e dinâmica. Em 2016, o *Dicionário Houaiss* reformulou sua definição de família após uma grande campanha denominada "Todas as famílias", que foi realizada em parceria com a agência NBS. Essa campanha recebeu mais de 3 mil sugestões para o conceito da família, e tinha o objetivo de contrapor a definição contida no projeto de lei conhecido como Estatuto da Família, aprovado em 2015 por uma comissão especial da Câmara dos Deputados, que assim conceituou família: "núcleo social formado a partir da união entre um homem e uma mulher, por meio de casamento ou união estável, ou ainda por comunidade formada por qualquer dos pais de seus descendentes". Convenhamos que essa acepção é extremamente limitadora e também preconceituosa.

Diante dos novos e tão significativos formatos de família, a campanha do *Houaiss* foi de importância fundamental para redefinir esse conceito por meio de definições bem mais democráticas e justas, ao meu ver.

Por isso, neste capítulo, me basearei na seguinte acepção do dicionário *Houaiss* quando me referir à família: "núcleo social de pessoas unidas por laços afetivos, que geralmente compartilham o mesmo espaço e mantêm entre si uma relação solidária e estável".[25]

De uma forma bem simples e abrangente, podemos afirmar que os membros de uma família são unidos por laços de afeto que fazem com que todos sejam ciosos do bem-estar e da felicidade uns dos outros. Se a teia que sustenta os laços familiares é construída com amor e respeito, o que podemos dizer quando um de seus membros é um psicopata?

Infelizmente, psicopatas formam famílias e, às vezes, várias delas. No entanto, isso não tem nada a ver com laços afetivos reais. Eles simplesmente têm filhos por mera irresponsabilidade, prazer, diversão, perversão ou status. Sim, status! Pois, muitas vezes, ter uma família aparentemente feliz e estruturada possibilita ao psicopata a se inserir em esferas sociais mais abonadas e, até mesmo, que lhe podem ser proveitosas.

Conviver intimamente com um pai, mãe, irmão, tio, primo ou qualquer indivíduo de grande confiança e que apresente uma personalidade psicopática é um dos maiores problemas que uma pessoa pode ter ao longo da vida.

Um único psicopata dentro de um ambiente familiar é capaz de produzir traumas difíceis de serem reparados, além de esfacelar os laços afetivos existentes entre os demais integrantes da família. Aqueles que cometem crimes, como abuso psicológico, físico ou sexual, acabam colocando seus familiares em

---

25. *Dicionário Houaiss*, "Família": <https://houaiss.uol.com.br>. Acesso em 23 ago. 2018.

situações conflitantes e embaraçosas por causa de suas constantes mentiras, manipulações e irresponsabilidades. Psicopatas transformam um lar em um verdadeiro inferno na Terra. Por onde passam deixam seus rastros de destruição e desarmonia.

Reconhecer que existe um psicopata em nossa família é algo muito difícil, pois associamos família a um reduto seguro e acolhedor. A princípio, achamos que o mal está sempre do lado de fora. Nossos pais, tios, primos ou amigos mais próximos nos parecem inofensivos e dispostos a nos oferecer carinho e cuidados. No entanto, quando o assunto é psicopatia, nem sempre as coisas são como parecem ser, ou melhor, como deveriam ser.

Com a intenção de ilustrar o que pode acontecer quando psicopatas estão presentes no ambiente doméstico ou em relações que supostamente se apresentam como acolhedoras e cuidadoras, trarei a seguir casos reais que foram exaustiva e francamente noticiados pela imprensa ao redor do mundo.

Família Turpin, a "Casa dos Horrores"[26]
Riverside County, Califórnia (EUA)

Tudo levava a crer que a família Turpin era uma família como outra qualquer. Uma família que se dizia cristã, que era trabalhadora e pagava seus impostos. Contudo, havia algo de estranho no ar. Alguma coisa que não se encaixava nesse perfil. Mas os

---

26. G1: <www.g1.com.br>. Acesso em 15 jan. 2018; *Daily Mail Online*: <www.dailymail.co.uk>. Acesso em 17 jan. 2018; *O Globo:* <www.oglobo.globo.com>. Acesso em 17 jan. 2018; *The Washington Post:* <www.washingtonpost.com>. Acesso em 21 jan. 2018.

vizinhos não percebiam o verdadeiro cenário macabro dentro daquela casa.

Até que um dia, uma ligação ao serviço de emergência 911 revelou ao mundo aquilo que havia sido encoberto por tantos anos.

O telefonema foi feito pela filha do casal Louise e David Turpin. Uma jovem de 17 anos que, imbuída de coragem, fugiu de casa e fez seu pedido de socorro usando um celular que achara.

Em seu relato, ela disse que os pais abusavam dela, bem como de seus doze irmãos. Afirmou também que ela e os irmãos eram mantidos em cativeiro na casa da família, detalhando que alguns deles estavam acorrentados. A adolescente estava magérrima e aparentava ter apenas 10 anos de idade.

A princípio, a polícia pensou se tratar de doze menores desnutridos e muito sujos, mas, depois, descobriu que, entre eles, havia sete adultos com idades entre 18 e 29 anos. Uma vizinha dos Turpin, Kimberly Miligan, disse ao jornal *Los Angeles Times* que muitas coisas eram estranhas naquela família. Segundo ela, as crianças eram muito pálidas, tinham o olhar vazio e nunca saíam para brincar, apesar de serem numerosas.

Desde o início, o relacionamento de David e Louise foi complicado. Quando ela tinha 16 anos, David conseguiu convencer os funcionários da escola onde estudavam, em Princeton, para que liberassem a adolescente sem o consentimento dos pais. A intenção era casar com ela em outro estado. Ele a colocou em uma van e viajaram cerca de 1.600 quilômetros pelo país até chegarem ao Texas, onde finalmente foram pegos e obrigados a voltar para casa, como contou Teresa Robinette, irmã mais nova de Louise.

Mais um fato que deixa claro o estranho comportamento de David foi relatado por outra irmã de Louise, Elizabeth Robinette

Flores. Ela disse que, na época em que o casal morava no Texas, ela precisou morar uns meses com eles por causa da faculdade. E, sempre que ia tomar banho, lá estava David espiando-a. Ela sentia um grande desconforto e ficava assustada com a situação, mas nunca contou isso a ninguém. Elizabeth comentou que há anos implorava para ver as crianças, mas que David e Louise nunca permitiram, nem por chamada de vídeo.

A relação de Louise e David com os filhos é, no mínimo, macabra. A ausência de afeto, carinho e amor por aqueles que são sangue do seu sangue é evidente em muitos fatos: mantinham os doze filhos em cativeiro, às vezes acorrentados, furtando-lhes o direito de viver sua infância e seus sonhos. Brinquedos? Tinham muitos, mas não podiam tocá-los. Banho? Só uma vez por ano. Eram obrigados a decorar a Bíblia. A comida era racionada, quase não se alimentavam. A desnutrição era visível.

Os filhos sofreram torturas por anos. Foram ainda privados de relacionamentos com colegas de escola, pois até isso foi friamente calculado pelos pais. O casal mantinha uma escola legalmente registrada em casa. Algo muito comum nos Estados Unidos, mas essa escola só tinha os doze filhos como alunos. Louise e David ainda planejavam ter o 13º filho. Contudo, eles permitiam que os filhos escrevessem diários.

O casal Turpin responde a cinquenta acusações, incluindo várias de tortura, cárcere privado e abuso de menor. Os irmãos eram frequentemente espancados, sufocados e amarrados. Primeiro, os pais usavam cordas, depois, passaram a acorrentá-los. Por exemplo, se lavassem as mãos um pouco acima dos pulsos, eram acorrentados, porque estavam "brincando com água". Uma das filhas ainda contou que, quando era surpreendida pela mãe vendo vídeos de Justin Bieber no celular, Louise apertava o pescoço dela, perguntando: "Você quer morrer?"; e a menina respondia: "Sim, eu quero morrer".

As autoridades fixaram uma fiança de 12 milhões de dólares para cada um dos pais e eles poderão pegar até 94 anos de prisão se forem condenados por todas as acusações.

Meu tio me embrulha o estômago[27]
Longford, Irlanda

Uma adolescência que deveria ter sido aproveitada ao máximo, como a de qualquer jovem iniciando essa nova fase da vida, foi drasticamente interrompida por um membro da família que costumamos admirar desde pequenos: o próprio tio.

O caso que irei relatar agora envolve um menor, que durante a divulgação do caso foi chamado de Ryan, para preservar sua identidade.

Ryan, um adolescente saudável de 13 anos, frequentemente visitava a avó junto com os pais e eles sempre dormiam por lá. Até que um dia, a casa estava cheia e não havia quartos suficientes para todos. Ryan teve que dormir no quarto de seu tio. Foi quando tudo começou.

O tio abusou sexualmente de Ryan. E não parou por aí. Entre 2007 e 2014, os abusos sexuais dolorosos, psicológicos e físicos aconteceram duas ou três vezes por semana e continuaram até que Ryan completasse 20 anos.

---

27. *The Journal*: <www.thejournal.ie>, reportagem de 7 dez. 2017. Acesso em 23 ago. 2018; *Shannon Side*: <www.shannonside.ie>, reportagem de 8 dez. 2017. Acesso em 23 ago. 2018; *The Irish Times*: <www.irishtimes.com>, reportagem de 7 dez. 2017. Acesso em 23 ago. 2018.

Além de ocorrerem na casa da avó, os abusos aconteciam dentro do carro e em qualquer outro lugar onde os dois estivessem juntos. O tio sempre enviava mensagens de texto ou ligava para saber onde o sobrinho estava, e com quem. O homem exercia um grande controle e manipulação sobre Ryan, inclusive obrigando-o a se envolver em outras atividades sexuais. E, para comprar o silêncio de Ryan, seu tio o chantageava com dinheiro, bebidas alcoólicas, maconha e cigarros.

Em um depoimento impactante, Ryan, então com 22 anos, disse que seu tio o torturava mentalmente e que transformou os anos de sua adolescência em "uma triste mancha". Ele não conseguia se lembrar de nenhum momento feliz. Também comentou que ele se sentia preso ao tio e que, por isso, não era capaz de curtir nada, mas que estava assustado demais para contar tudo aquilo para alguém. Ryan não conseguia nem olhar para o tio; como ele mesmo disse ao policial: "Ele me embrulha o estômago".

Como consequência da vigilância e interferência do tio, Ryan não buscou relacionamentos com garotas durante a adolescência. E, várias vezes, tentou se suicidar. Mas agora está em um relacionamento estável e tem um filho.

No tribunal, o tio insistia friamente em sua inocência e alegou ter tido um romance muito bom com Ryan. O juiz Paul McDermott notou uma enorme indiferença e insensibilidade em relação ao bem-estar do sobrinho.

O juiz relatou que o tio demonstrou uma total ausência de remorso em relação ao estrago causado ao sobrinho. Apesar de ter emprego fixo havia muito tempo, apenas ter sido condenado por pequenos delitos uma vez e algumas testemunhas relatarem que ele era um membro atuante na comunidade, o tio foi condenado a onze anos de prisão por onze acusações de estupro, dez de perversão, uma de exploração sexual de menor e cinco de abusos sexuais.

Fernando Sierra: um técnico de futebol muito paternal[28]
Maldonado, Uruguai

Fernando Sierra, 32 anos, nascido na cidade de Maldonado, no Uruguai, era técnico de futebol da equipe infantil do Club Defensor de Maldonado. Era conhecido pelas pessoas do bairro como um homem amável, carinhoso e incapaz de prejudicar alguém.

Em 2015, conheceu Felipe Romero, 10 anos, filho de um conhecido ex-jogador de futebol, Luis Romero, que, segundo a mãe, Alexandra Pérez, era um pai ausente.

Apesar de Felipe fazer parte do time de futebol havia pouco tempo, ele e Sierra começaram a desenvolver uma relação próxima. Próxima até demais!

Sierra levava e trazia Felipe dos treinos, das partidas, andavam juntos para todos os lados. O treinador o tratava como se fosse seu filho; e Felipe o tratava como se fosse seu pai. Mais de uma vez, Felipe o chamou de papai. Em um Dia dos Pais, comemorado em 10 de julho no Uruguai, Felipe deu um cartão para Sierra em que se lia: "Feliz Dia dos Pais, te amo papai e espero que você esteja sempre comigo".

Sierra participava de reuniões na escola de Felipe, levava-o e o buscava depois das aulas, e até mesmo viajou de férias para o Brasil com o garoto, com a permissão de seus pais. Ele tinha planos de adotar Felipe. Até a mãe de Sierra já chamava o menino de neto. O treinador estava reunindo toda a papelada para a adoção sem o conhecimento de Alexandra.

---

28. *BBC Mundo*: <www.bbc.com>, reportagem de 24 abr. 2017. Acesso em 23 ago. 2018; Revista *People*: <https://people.com/>. Acesso em 23 ago. 2018; R7 Notícias Internacionais: Comunidade Internacional e Política: <https://noticias.r7.com/internacional>. Acesso em 23 ago. 2018.

Após essa viagem, a psicóloga que tratava o menino começou a notar comportamentos estranhos em Felipe e orientou a mãe que não deixasse mais o menino a sós com Sierra. Então, seguindo as orientações da psicóloga, Alexandra chamou Sierra para uma conversa franca, em que deixou claro que, a partir de então, ele não poderia mais ficar sozinho com o menino. "Se não posso mais ver o Felipe, eu me mato", foi a resposta do treinador.

Em uma quinta-feira, Sierra foi buscar Felipe na escola. Ninguém estranhou, pois isso era algo comum. Mas aquela foi a última vez que se teve notícias deles – até o sábado, quando os dois foram encontrados sem vida a 150 quilômetros de Montevidéu.

Segundo informou o chefe de polícia da cidade de Maldonado, onde os dois viviam, Sierra atirou contra o menino e, depois, se matou. A juíza penal Adriana Morosini, responsável pelo caso, afirmou que os primeiros dados da autópsia do garoto também apontam um provável histórico de abuso sexual. Os abusos não eram recentes, e provavelmente fazia algum tempo que ocorriam. Além disso, a autópsia no corpo do menino também revelou que ele havia ingerido tranquilizante, um sedativo suave que pode ser comprado sem receita médica.

De acordo com a BBC, a polícia encontrou, no local onde estavam os corpos, três cartelas de comprimidos, sendo que duas estavam completas e uma delas estava sem sete comprimidos. A polícia informou ainda que os corpos do técnico e do garoto foram encontrados abraçados e sem sapatos, e que, ao lado deles, havia uma arma calibre 22. O celular de Fernando Sierra foi encontrado na estrada, perto de onde os corpos foram achados. O aparelho havia sido esmagado por carros e estava danificado.

"Fernando sempre foi muito correto, muito educado com os pequenos e muito respeitoso. Ninguém podia imaginar que algo assim aconteceria", afirmou Myriam Sosa, diretora do Club Defensor de Maldonado.

Um lobo em pele de pai[29]
Austrália

Este caso aconteceu na Austrália em 2015. Uma menina de 13 anos foi resgatada de dois anos de abuso sexual nas mãos de seu próprio pai e amigos dele, após denúncia feita à polícia australiana.

Logo que seus pais se separaram, Jenny (assim denominada no caso, por questões legais) foi morar com o pai. O lar dele foi considerado o lugar mais apropriado para a menina viver em segurança, onde poderia ser cuidada e protegida. Porém, mal sabia ela e os demais envolvidos que a menina estava sendo entregue a um lobo em pele de pai.

Aquele que tinha o dever de proteger e lhe dar amor começou a abusar da menor, estuprando-a várias vezes. Não satisfeito, ele colocou um anúncio em um site de classificados à procura de homens que estivessem dispostos a estuprar sua filha enquanto ele assistia, e, às vezes, participava. Sete homens se prontificaram a tal delito perverso e hostil.

Jenny também era forçada a posar para fotos e vídeos pornográficos. Em uma ocasião, o pai e outro homem filmaram

---

29. *The Guardian*: <www.theguardian.com/au>. Acesso em 23 ago. 2018; *The Independent*: <www.independent.co.uk>. Acesso em 23 ago. 2018.

o estupro enquanto a menina estava amarrada ao pé da cama portando uma coleira de cachorro em que se lia a palavra "cadela". Nas cenas, a menina aparece sofrendo e suplicando ao pai que parasse.

Até que um dia o abuso foi descoberto após uma ligação anônima para a polícia. Os policiais resgataram a menina pondo fim àquela situação, e os sete homens foram condenados por 503 delitos.

Um dos condenados foi David Volmer, casado, pastor evangélico, que pegou oito anos e seis meses de prisão. Benjamim Simon Clarke pegou três anos de prisão por tirar fotos explícitas da menina. Mark Wesley Liggins foi preso por envolvimento no caso, mas não foi acusado de abusar da menina, e recebeu sentença de dois anos. Nicholas Adam Beer se declarou culpado por 163 acusações. Outros três homens presos, ligados com o caso, ainda não tiveram suas sentenças divulgadas.

O promotor de justiça Justin Whalley descreveu este como o pior caso de abuso sexual daquele estado. Segundo ele, "em termos de remorso, se houver, [o sentimento] chegará atrasado".

No tribunal, o juiz Phillip Eaton disse que o abuso sofrido trará consequências irreparáveis e permanentes à menina. E falou ao pai: "Você não considerou o bem-estar dela, e não tenho dúvidas de que você obteve prazer sexual perverso enquanto o praticava".

O pai, por sua vez, declarou no tribunal que o caso "foi divertido enquanto durou". Ele foi condenado a 22 anos e seis meses de prisão por 61 delitos contra sua filha e por permitir que outros homens abusassem dela.

Elisabeth Fritzl: vítima de um pai monstruoso[30]
Amstetten, Áustria

Em 1984, alguns dias após ter completado 18 anos, Elisabeth Fritzl desceu ao porão de sua casa em uma cidade da Áustria, chamada Amstetten, para ajudar seu pai a consertar a porta. A garota já era abusada sexualmente pelo pai desde os 11, mas, naquele dia, encontrou no porão uma série de oito portas mecânicas que impossibilitariam sua fuga daquele lugar pelos 24 anos seguintes. O pai de Elisabeth, Josef Fritzl, a drogou com éter, acorrentou-a a uma cama previamente preparada e a estuprou. Ele ainda a forçou a escrever uma carta à mãe. Rosemarie, a mãe da menina, prestou queixa na polícia sobre o desaparecimento da filha, mas o caso foi deixado de lado após um ano.

Josef manteve a filha presa no porão e a estuprou continuadamente por anos, período em que, inclusive, Elisabeth deu à luz sete filhos, frutos do incesto. Para ter os bebês, Josef deu à Elisabeth tesouras velhas, desinfetante e um livro de 1960 sobre parto. Um dos filhos morreu por complicações respiratórias. Três deles cresceram no porão. Outros três, assim que nasceram, foram levados à porta da casa por Josef. Ele contava a Rosemarie que as crianças tinham sido deixadas pela filha fugitiva e os adotava. No porão, Elisabeth ensinou os três filhos a ler.

Josef e Rosemarie alugavam acomodações na casa da família, e alguns dos inquilinos desconfiavam dos barulhos no porão, mas nunca haviam descoberto nada de concreto.

---

30. *The Guardian*. "Josef Fritzl trial: 'She spent the first five years entirely alone. He hardly ever spoke to her'", 19 mar. 2009. Disponível em <www.theguardian.com/world/2009/mar/19/josef-fritzl-austria>. Acesso em 9 jul. 2018.

Em abril de 2008, a filha mais velha de Elisabeth, Kerstin, de 19 anos, sofreu uma convulsão. A adolescente, que perdera vários dentes, era muito branca e visivelmente anêmica. Elisabeth convenceu o pai a levar sua filha ao hospital, onde, posteriormente, foi induzida a um coma por sua condição. Algumas semanas depois, Elisabeth implorou ao pai que a levasse para visitar sua filha. Foi a primeira vez que Elisabeth viu a luz do sol em 24 anos. Durante essa visita, os funcionários do hospital, desconfiados, chamaram a polícia, que cercou Elisabeth e seu pai. Josef, então, confessou que havia encarcerado sua filha no porão. Ao iniciar a investigação, quando os policiais foram ao porão no qual Elisabeth e seus filhos ficaram durante 24 anos, havia tão pouco oxigênio que eles precisaram recorrer a cilindros de oxigênio.

Josef Fritzl foi condenado à prisão perpétua graças ao depoimento de onze horas que Elisabeth deu em vídeo. Nele, ela relata os sofrimentos que suportou durante sua vida, sendo mantida em cativeiro por seu pai. Elisabeth, sua mãe e seus filhos mudaram de nome e foram morar em outra região do país. Seus filhos sofrem até hoje de sérias disfunções comportamentais relacionadas às habilidades de socialização, e se recuperam gradativamente dos problemas físicos ocasionados pelo longo período em que foram malnutridos e privados da luz solar.

Como pudemos constatar neste capítulo, especialmente nas histórias reais aqui relatadas, nem sempre o ambiente familiar é um lugar seguro onde podemos relaxar e receber o afeto verdadeiro de que necessitamos para o desenvolvimento do nosso lado mais empático e humano.

Os psicopatas domésticos ou familiares me lembram muito o conto infantil da Chapeuzinho Vermelho. Nessa história, a mãe da Chapeuzinho, uma menina meiga e ingênua, dá à pequena a incumbência de levar alguns doces para a sua vovozinha, que está adoecida. A mãe faz várias recomendações para que Chapeuzinho tome muito cuidado com os perigos do bosque e também com os estranhos que pode encontrar pelo caminho. A menina cumpre as determinações e chega sã e salva à casa da avó. Só que o mal, ou melhor, o Lobo Mau, estava à espreita, travestiu-se de vovó e aguardou o momento exato de atacar Chapeuzinho, que, ao chegar ao seu destino, tornou-se vulnerável, justamente por julgar que na casa da avó estaria em completa segurança.

Na vida real, os psicopatas domésticos também se apresentam travestidos de pessoas boas e, na maioria das vezes, não levantam suspeitas. Com eles por perto, a história nunca tem um final feliz, e as sequelas causadas às vítimas deixam marcas e dores difíceis de serem apagadas. Por isso, é bom sempre estarmos atentos aos perigos que rondam o nosso lar e os nossos familiares; caso contrário, corremos o risco de sofrer com os graves estragos que os lobos em pele de cordeiro são capazes de causar.

É estarrecedor observar que
crianças que deveriam estar
brincando ou folheando livros
nas escolas trafiquem drogas,
empunhem armas e apertem gatilhos
sem nenhum vestígio de piedade.

11
MENORES PERIGOSOS
DEMAIS

Sempre que nos deparamos com crimes bárbaros cometidos por crianças somos tomados por um sentimento de grande perplexidade. Isso acontece porque, como seres humanos, temos dificuldade em acreditar que existam crianças genuinamente más. Crianças costumam ser associadas de forma universal à bondade, à pureza e à ingenuidade. Reconhecer que a maldade existe de fato é uma realidade com a qual não gostamos de lidar. Quando estamos diante de crianças, essa descrença toma proporções muito maiores. Ficamos estarrecidos com aquilo que desafia a racionalidade humana e foge à compreensão do que consideramos ser uma criança ou uma pessoa normal.

Como exemplo e motivo de reflexão, podemos observar alguns casos de um passado recente:

Em fevereiro de 1993, os garotos Jon Venables e Robert Thompson, ambos com dez anos de idade, assassinaram brutalmente James Bulger (de apenas dois anos), perto de Liverpool, Inglaterra. Esse foi um dos crimes que mais chocaram a Grã--Bretanha e o mundo no século passado. James foi sequestrado, abusado, torturado e morto com golpes de pedra e ferro na cabeça. Os assassinos tentaram esconder o corpo no fundo de um poço, mas acabaram forjando um desastre de trem e largaram o corpo sobre os trilhos da linha férrea. A criança foi cortada ao meio. Jon e Robert foram julgados como adultos e condenados à prisão por prazo indeterminado, pela natureza bárbara do crime. Sob protestos e indignação populares, em 2001, os assassinos foram soltos de forma sigilosa e com nova identidade.

Se a Inglaterra foi dura demais em condenar os dois assassinos com idade tão precoce ou se afrouxou excessivamente ao libertá-los (mesmo sob vigilância policial), ainda é motivo de muitos debates e controvérsias. No entanto, em nosso íntimo, não podemos deixar de fazer algumas indagações: como dois indivíduos de apenas dez anos puderam planejar, deliberadamente, um crime com tamanha crueldade? É possível que eles não tivessem a menor ideia do que estavam fazendo? Será que toda a trama sórdida, requintada de maldade e de total frieza "simplesmente" foi fruto de mentes imaturas e inconsequentes? Ouso dizer que, independentemente da idade dos assassinos, as respostas se resumem ao fato de serem garotos perversos. Vem à tona de novo a velha história do sapo e do escorpião: é a natureza!

Nos Estados Unidos, volta e meia a população se defronta com casos envolvendo crianças que matam de forma impiedosa. Em 1998, um pesadelo se abateu sobre Jonesboro, uma pequena cidade no Arkansas. Mitchell Johnson, de treze anos, e Andrew Golden, de apenas onze, foram responsáveis por um tiroteio em sua escola que matou cinco pessoas e feriu gravemente outras onze. Eles chegaram camuflados, fortemente armados e fizeram soar o alarme de incêndio para obrigar estudantes e professores a sair do edifício. Esconderam-se no bosque em frente e dispararam indiscriminadamente 27 tiros com as armas que tinham roubado da casa do avô de Andrew. Além da frieza explícita, Mitchell e Andrew premeditaram o massacre.

O Brasil, infelizmente, também faz parte desse cruel panorama. É estarrecedor observar que crianças que deveriam estar brincando ou folheando livros nas escolas trafiquem drogas, empunhem armas e apertem gatilhos sem nenhum vestígio de piedade. Logicamente, não podemos negar que muitas delas são influenciadas pelo meio social ao redor; no entanto, outras crianças possuem uma inclinação voraz e inata ao crime. Assim como adultos psicopatas, crianças com essa natureza são desprovidas de sentimento de culpa ou remorso, características inerentes às pessoas "de bem". São más em sua essência.

Idade penal e idade biológica

Em fevereiro de 2007, um crime monstruoso chocou todo o país. O menino João Hélio Fernandes, de apenas seis anos, foi arrastado até a morte por mais de sete quilômetros pelas ruas da Zona Norte do Rio de Janeiro. O crime ocorreu depois de o carro em que João se encontrava ter sido assaltado. A mãe e a irmã mais velha de João conseguiram escapar, mas o garoto ficou preso ao cinto de segurança, enquanto os criminosos arrancavam com o carro em alta velocidade. Os bandidos ignoraram todos os apelos feitos por pedestres e motoristas, que berravam indicando haver uma criança presa do lado de fora do carro. Segundo uma testemunha, eles andavam em zigue-zague com o veículo, tentando se livrar do menino. Após a prisão dos cinco envolvidos, constatou-se que um deles era menor (dezesseis anos).

Esse crime provocou consternação e revolta e mobilizou toda a sociedade, por causa de sua brutalidade. O Brasil, enfurecido, protestou contra a violência e o descaso das autoridades. Em ocasiões como essa, o clamor social acaba demandando atitudes por parte dos nossos legisladores, com o intuito claro de dar uma satisfação imediata à sociedade. Não é de hoje que vários projetos são apresentados com o objetivo de mudar as leis que cuidam de menores infratores, mas que ao final caem no esquecimento. No entanto, sempre que há uma comoção dessa monta, aquilo que estava guardado na gaveta pula para a ordem do dia. O recente julgamento do *habeas corpus* de Champinha pelo Supremo Tribunal Federal (STF), descrito no capítulo 7, reforçou a polêmica sobre a maioridade penal — ou seja, a idade em que, diante da lei, um jovem passa a responder inteiramente por seus atos, como um cidadão adulto.

Muitas propostas de emenda constitucional (PEC) já foram apresentadas ao Senado, com o intuito de reduzir a maioridade penal de dezoito para dezesseis anos ou mesmo para catorze. Também há vários projetos de lei para alterar o Estatuto da Criança e do Adolescente (ECA), com o objetivo de aumentar o tempo máximo de internação de adolescentes que entram em conflito com a lei penal ou para que as medidas socioeducativas sejam mais rigorosas. Em 19 de fevereiro de 2014, a Comissão de Constituição e Justiça (CCJ) rejeitou a PEC 33/2012 — que previa a redução da maioridade penal de dezoito para dezesseis anos em casos de crimes hediondos, tráfico de drogas, terrorismo, tortura — e mais cinco propostas do mesmo tema. A PEC 33/2012 ainda será examinada pelo plenário do Senado, mas até o momento não há data agendada.

Seja qual for o ângulo que utilizamos para avaliar e discutir o estabelecimento da idade penal em nossa sociedade, sempre nos deparamos com conflitos ideológicos, legais ou mesmo científicos que, na maioria das vezes, emperram a tomada de decisões que poderiam beneficiar toda a sociedade. De fato, o assunto é de extrema complexidade, e essas discussões vêm de há muito tempo.

Apesar de todo o desenvolvimento racional dos seres humanos, existe, ainda hoje, uma grande dificuldade em estabelecer o momento exato a partir do qual o indivíduo pode ser considerado responsável por suas ações — e, então, ser legalmente responsabilizado pelo que faz ou deixa de fazer. O desafio para a fixação de uma idade mínima para a imputação penal é tão complexo que, em todos os países do mundo, é motivo de muitas divergências e acaloradas discussões.

Para que tenhamos uma ideia da dimensão do problema, podemos observar as diversas idades mínimas para responsabilidade criminal em diferentes países:

→ Austrália e Suíça — sete anos;

→ Equador — doze anos;

→ Dinamarca, Finlândia e Noruega — quinze anos;

→ Argentina, Chile e Cuba — dezesseis anos;

→ Polônia — dezessete anos;

→ Colômbia, Luxemburgo e Brasil — dezoito anos;

→ Estados Unidos — em alguns estados, a partir dos seis anos de idade; cabe ao juiz decidir se o jovem infrator deverá ser julgado como adulto ou não;

→ Inglaterra — desde 1967 não há idade mínima preestabelecida; uma criança de dez anos (ou menos) pode ser julgada como adulto, dependendo da gravidade do crime e de acordo com os costumes do próprio país.

A própria ONU (Organização das Nações Unidas), por meio de seu órgão destinado à infância e à adolescência (o Unicef), recomenda, em seu manual, que a maioridade penal se inicie entre sete e dezoito anos. Se pararmos para pensar, uma margem de onze anos demonstra, de forma clara, toda a incerteza ao redor do tema.

Não podemos esquecer que a necessidade de adotarmos uma idade penal mínima tem como base a ideia — universalmente aceita — de que crianças não possuem discernimento sobre o certo e o errado. Além do mais, elas ainda não desenvolveram controle adequado sobre seus impulsos. Dessa forma, crianças não podem ser culpabilizadas por suas atitudes ilícitas. Por outro lado, existe também unanimidade em responsabilizar adultos sadios por seus crimes.

O dilema surge exatamente "no meio do caminho", entre a criança sem discernimento e o adulto responsável: a adolescência. O porquê da dificuldade em estabelecer a tal idade penal mínima me parece claro: a transição da criança inconsequente (sem discernimento) para o adulto responsável (ciente de seus atos) é um processo contínuo, que faz parte do desenvolvimento psíquico. Assim, é impossível estabelecer uma idade padronizada para todos, uma vez que as pessoas amadurecem e se desenvolvem de forma e em tempos distintos.

Até a data em que este livro foi concluído, o Brasil, como outras inúmeras nações, mantém a adoção dos dezoito anos como maioridade penal. Entre doze e dezessete anos, o jovem infrator não poderá ser encaminhado a um sistema penitenciário comum, devendo receber tratamento diferenciado daquele do adulto. As penalidades a eles imputadas são chamadas de medidas socioeducativas. Já as crianças (até doze anos) são inimputáveis, ou seja, não podem ser julgadas nem punidas pelo Estado.

A maioridade penal hoje estabelecida se deve ao fato de que alguns pesquisadores e muitos legistas abraçam a tese de que, durante a adolescência, o cérebro está sujeito a intensas transformações biofísicas. Dessa forma, os comportamentos impulsivos, imediatistas e explosivos dos adolescentes são explicados, em parte, pela imaturidade biológica de seu cérebro, o que impede que tenham atitudes e ações plenamente adequadas. Embasada nesse pressuposto, a própria psiquiatria, ainda hoje, não pode firmar o diagnóstico de psicopatia antes dos dezoito anos de idade.

Por outro lado, pesquisadores envolvidos no estudo específico de personalidades infantojuvenis postulam que algumas pessoas demonstram, de maneira indubitável, possuir uma estrutura de personalidade problemática ainda precocemente. Hoje em dia, um jovem (criança ou adolescente) que apresenta características como insensibilidade, mentiras recorrentes, transgressões às regras sociais, agressões, crueldade etc. recebe o diagnóstico de *transtorno da conduta*[31] (antes conhecido como delinquência). Por ser um transtorno infinitamente mais grave do que meras rebeldias ou traquinagens juvenis e, na sua forma mais severa, assemelhar-se em muito às características psicopáticas, vários estudiosos defendem a possibilidade de estabelecer o diagnóstico de psicopatia antes mesmo dos dezoito anos.

Corroborando tal hipótese, cientistas de diversos países (Estados Unidos, Inglaterra, Canadá, Austrália etc.) vêm testando uma versão adaptada do PCL-R (*checklist* de psicopatia) para jovens. A aplicação do *checklist* em crianças e adolescentes com comportamentos frios e transgressores revelou que eles apresentam critérios de psicopatia semelhantes aos dos adultos, inclusive com os mesmos riscos elevados de reincidência criminal.

De acordo com esse ponto de vista, podemos afirmar que alguns indivíduos menores de dezoito anos, independentemente da maturidade biológica de seu cérebro, já possuem uma personalidade disfuncional. O comportamento e o tempera-

---

31. Ver Anexo C.

mento desses jovens funcionam como os de pessoas plenamente desenvolvidas, que sabem perfeitamente distinguir o certo do errado e que compreendem o caráter ilícito dos seus atos. Dessa forma, já deveriam ser responsabilizados e penalizados pelos seus comportamentos transgressores com o mesmo rigor das leis aplicadas aos adultos. Sem incorrermos em nenhum erro, podemos afirmar que tais jovens (crianças ou adolescentes) são os responsáveis por grande parte dos crimes brutais que despertam nossos sentimentos de perplexidade e repulsa diante das suas ações.

No meu entender, o que importa destacar é que os jovens que cometem tais tipos de delitos o fazem em função da sua natureza fria e cruel. Como se não bastasse, eles são favorecidos por uma legislação específica que atenua as suas punições, propiciando de forma quase irresponsável a liberdade precoce e a reincidência criminal. Pelo Estatuto da Criança e do Adolescente (ECA), o tempo máximo permitido em internações na Fundação Casa (ex-Febem) é de três anos, mesmo que o crime cometido tenha sido de natureza cruel. Acrescente-se a isso o fato de que, após ter cumprido as medidas socioeducativas, seus antecedentes criminais não ficam registrados. Se eles reincidirem após os dezoito anos, serão considerados réus primários. Isso implica dizer que suas fichas criminais voltam a ficar limpas, como se nunca tivessem cometido nenhum delito.

Não se pode contestar que o ECA trouxe avanços no combate à prostituição, ao trabalho infantil e à violência contra crianças. Mas sua parte punitiva se mostra excessivamente complacente com menores que cometem crimes graves. Em geral são jovens que apresentam um perfil francamente psicopático. A lei que se aplica aos jovens que podem e devem ser recuperados é a mesma que beneficia aqueles que praticam delitos graves.

O caso abaixo exemplifica de forma bem clara a deficiência dessas leis:

Em 1999, Rogério da Silva Ribeiro matou o estudante de jornalismo Rodrigo Damus, de vinte anos, três dias antes de completar dezoito anos. Rogério planejou o assalto e o executou com a cumplicidade de mais três indivíduos (todos maiores de idade). Motivo: obter dinheiro para realizar sua festa de aniversário. Os três estão presos após terem sido condenados a penas de 22 anos. Já Rogério, como ainda era menor de idade no dia do crime, foi punido com medidas socioeducativas. Após um ano e oito meses de internação na Febem (hoje Fundação Casa), Rogério foi solto.

O documentário *Pro dia nascer feliz*, do cineasta João Jardim, lançado em 2006, mostra claramente a frieza e o sentimento de impunidade entre os jovens infratores no Brasil. Numa das cenas, uma jovem de dezesseis anos conta que assassinou uma colega porque esta a expulsou de uma festa. A menor matou a vítima com uma facada no corredor da escola apenas por vingança, sem nenhum vestígio de medo ou de arrependimento. Ela sabia, assim como a maioria dos infratores graves menores, que sua pena seria, no máximo, de três anos de internação. Quando questionada sobre seu ato, limitou-se a dizer: "Porque não dá nada sendo *de menor*. Três anos passam rápido!".

Qual é a melhor solução?

Por tudo o que foi exposto, não há dúvida de que estamos diante de um grande dilema. O que fazer quando criminosos *perversos* neste país são menores de idade? Que medidas podem ser tomadas para que a sociedade não fique à mercê de jovens de natureza tão ruim? Reduzir a maioridade penal? Criar novas leis?

A resposta a essas questões deve surgir de uma séria discussão que envolva não só as ciências naturais e o direito, mas também as demais ciências humanas, a sociedade civil como um todo e os verdadeiros representantes do Estado. Essa união social pode levar muito tempo para gerar frutos no dia a dia de cada um de nós, e pode-se ainda chegar à conclusão de que não há a possibilidade de criar um critério rígido e padronizado para determinar a idade penal mínima.

No entanto, é fundamental destacar que a redução da maioridade penal pouco vem contribuir para a diminuição da violência ocasionada por jovens perigosos, que são maus na sua essência. A meu ver, mais importante que fixar a maioridade penal para dezesseis, quinze ou catorze anos, é avaliar a personalidade do infrator, a sua capacidade de entendimento dos seus atos, os seus sentimentos e, especialmente, a *gravidade do crime* cometido. Isso levaria a se considerar cada caso com sua justa individualização, tornando possível distinguir, de forma eficaz, os jovens que precisam e podem ser reeducados daqueles que são refratários a qualquer tipo de medida socioeducativa. Estes últimos, irrefreáveis e incompatíveis com o convívio social, devem ser punidos como adultos, independentemente da idade. Caso contrário, só amargaremos cada vez mais a infeliz certeza de que eles não pararão nunca.

*Os psicopatas são seres sem
"coração mental".
O cérebro deles é gelado.*

12
DE ONDE VEM
ISSO TUDO?

A capacidade humana de distinguir o certo do errado, a meu ver, é uma das mais nobres de todas as nossas qualidades. É muito reconfortante saber que, de alguma forma, cada ser humano, lá no íntimo, sempre sabe qual é "a coisa certa a fazer".

É esse senso moral que nos faz ajudar uma pessoa que leva um tombo na rua ou uma criança que cai de sua bicicleta ou se perde de seus pais em meio à multidão. Em relação a essas situações, lembro-me de uma que nunca mais saiu da minha mente:

Era um domingo ensolarado, em pleno inverno carioca. Resolvi caminhar e escolhi a lagoa Rodrigo de Freitas como cenário para minha atividade física matinal. Com pouco mais de uma hora de caminhada, eu já ensaiava meus passos finais quando avistei, em minha "contramão", três pessoas trajadas com uniformes do Flamengo em estado de total alegria — o pai no centro e um filho em cada mão. Os três cantavam, a plenos pulmões, um samba que já virou um hino clássico dos torcedores rubro-negros: "Domingo eu vou ao Maracanã, vou torcer pelo time de que sou fã...". De repente, pelas minhas costas, surgiu um menino com uma bicicleta. A velocidade dele era tamanha que, ao me ultrapassar, não conseguiu fazer a curva, e, em segundos, "voou" para dentro da lagoa. Simultaneamente a essa cena, pude ver a face de angústia do pai flamenguista e assistir a tudo: ele rapidamente soltou as mãos dos filhos, tirou a camisa e mergulhou como se tivesse sido treinado para aquilo por toda a vida. Menino salvo, bicicleta destruída nas pedras, surge, atrasado, o pai da vítima. Abraça seu filho, promete-lhe uma *bike* nova e nem percebe que, a poucos metros dali, o pai flamenguista já está com seus filhos lado a lado, seguindo seu caminho.

Sem conter minha admiração pelo ato daquele homem, apressei o passo e fui atrás deles. Aproximei-me, pedi licença e perguntei: "Como você conseguiu fazer aquilo tão rapidamente?".

E ele respondeu: "Fiz o que tinha que ser feito. Se não fosse eu, certamente outra pessoa faria. É o certo!".

Naquele domingo, retornei à minha casa com um sentimento bom de esperança, desses que de vez em quando a gente sente por toda a humanidade.

De onde vem o nosso senso moral?

Até pouco tempo atrás, existia a convicção de que a capacidade humana de distinguir o certo do errado era algo aprendido nas relações interpessoais. Dessa forma, a única maneira de obtermos indivíduos morais seria educá-los e condicioná-los socialmente. Assim, caberia à sociedade e à cultura estabelecer, ao longo de toda a vida, o que os indivíduos podem ou não fazer. Não há como negar que muitas das regras sociais direcionadas ao certo e ao errado precisam ser aprendidas. É impossível nascer sabendo determinadas convenções sociais que possuem forte apelo cultural. Um bom exemplo é o ato de arrotar. Em alguns países orientais, arrotar à mesa é sinal de apreço para com a comida e seus anfitriões gastronômicos. Já na maioria dos países ocidentais, isso é um sinal de falta de educação, relacionado ao desleixo e à deselegância pessoal.

Os estudos mais recentes sobre o comportamento humano, entretanto, revelam que as noções básicas de retidão comportamental e justiça dependem muito menos do aprendizado social do que os psicólogos supunham no início do século passado. As últimas pesquisas sobre o cérebro humano e as análises comparativas de outros comportamentos animais revelam que a espécie humana adquiriu a capacidade de avaliação moral com a própria seleção natural. Tudo indica que as instruções necessárias na produção de um cérebro capacitado para distinguir o certo do errado já vêm com certificado de fábrica, ou seja, elas estão no DNA de cada um de nós.

Se a seleção natural tem participação ativa na construção do senso moral dos humanos, é de esperar que o senso de justiça e a compaixão também estejam presentes em outros segmentos do reino animal. E de fato estão — especialmente entre os primatas.

Em 2007, Felix Werneken e seus colaboradores do Instituto Max Planck de Antropologia Evolutiva, na Alemanha, realizaram o seguinte experimento: colocaram um chimpanzé em uma jaula em que o animal pudesse observar duas pessoas que simulavam uma discussão. Uma delas estava mais exaltada e, com um tapa, derrubou um pequeno bastão que a outra tinha na mão. Esse objeto, ao cair no chão, rolou e foi parar aos pés do chimpanzé, próximo à jaula. Sem nenhum envolvimento com aquele conflito entre humanos e sem receber nada em troca, o primata não hesitou em agir: pegou o bastão e o devolveu ao seu dono. Tudo aconteceu de forma simples: para ele era a coisa certa a fazer!

Outros experimentos envolvendo primatas entre si e primatas e uma ave também foram realizados. No primeiro caso, um macaco precisava acionar uma alavanca localizada dentro de sua jaula para que a porta de outra jaula se abrisse e desse passagem para que um "colega" pudesse alcançar seu alimento. Apesar de não receber nenhuma recompensa com o ato, o macaco não poupou esforços em praticar a boa ação e alimentar seu colega de espécie.

O segundo episódio está relatado no livro *Eu, primata*, de Frans de Waal (primatólogo da Emory University, Atlanta, Estados Unidos): no zoológico de Twycross (Reino Unido), uma fêmea de bonobo viu um passarinho se ferir ao se chocar contra uma parede de vidro de sua jaula. Ao observar o pássaro no chão, a primata tentou colocá-lo em pé, mas não obteve sucesso. Tentou, então, outra estratégia: pegou o pássaro com muito cuidado, subiu numa árvore, abriu as asas dele com os dedos e tentou fazê-lo voar tal qual um avião de papel. O pássaro, ainda muito fraco, acabou por aterrissar dentro da jaula, sem conseguir se erguer. Foi então que a fêmea de bonobo decidiu montar guarda ao lado do pássaro simplesmente para protegê-lo de seus colegas de cativeiro. No final do dia, o pássaro conseguiu se reerguer e saiu voando. Apenas nesse momento a primata largou seu "posto de solidariedade".

Senso de justiça, compaixão e evolução

Toda a teoria da evolução das espécies se baseia na competitividade e na sobrevivência dos mais aptos. Como podemos entender que características de bondade e altruísmo tenham se perpetuado e evoluído em meio à violência do mundo natural? Teoricamente, os organismos "bonzinhos" deveriam ter ficado pelo caminho nessa corrida biológica. No entanto, ao longo das últimas décadas, os cientistas começaram a desvendar as vantagens evolutivas das "criaturas do bem".

Existem algumas teorias que tentam explicar o senso de justiça mais apurado em determinados animais e nos humanos.

Entre elas, eu gostaria de destacar a *teoria da mente* (fundamentada nos estudos psicológicos) e a *teoria do cérebro social* (desenvolvida com base nos estudos recentes das neurociências).

A teoria da mente se constitui, basicamente, na capacidade de um ser biológico (humano ou não) imaginar que outros seres possam ter uma vida mental similar à dele. Essa teoria pode ser facilmente compreendida quando nos colocamos no lugar de outras pessoas para inferir como elas devem estar se sentindo. Existe um ditado americano que diz o seguinte: "Antes de julgar alguém, calce suas sandálias e caminhe por uma milha". Em outras palavras: antes de julgar alguém, coloque-se no lugar dessa pessoa, tente imaginar o que ela sente, o que pensa, e, somente depois, aja. Isso é a teoria da mente em plena ação.

A teoria do cérebro social pôde se desenvolver e avançar de forma significativa nos últimos anos graças à utilização sistemática, por psicólogos e neurocientistas, do exame denominado ressonância magnética funcional (RMf). Esse exame é capaz de gerar um retrato extremamente detalhado das estruturas cerebrais. Além disso, ele pode produzir o equivalente a um vídeo que mostra o funcionamento de partes específicas do cérebro quando ativadas durante algumas situações. Por exemplo, quando ouvimos o choro de uma pessoa que amamos, o centro da afetividade entra em "ebulição".

Com base nesses estudos, os cientistas puderam começar a responder a uma série de perguntas sobre o comportamento social das pessoas. Entre essas perguntas, destaco algumas: existe de fato algum mecanismo mental na espécie humana responsável por nossos atos generosos ou solidários? Caso esse mecanismo exista, ele, conforme a pessoa, nasce "ativado" ou "desativado"? Esse processo de ligar/desligar é algo que aprendemos a partir do convívio social ou trazemos conosco?

Com a utilização da ressonância magnética funcional, muitos pesquisadores do comportamento humano passaram a utilizar o termo *cérebro social*. O cérebro social pode ser definido como o somatório de todos os mecanismos neurais (materiais e funcionais) envolvidos na orquestração de nossas interações sociais. Assim, ele é responsável pelos pensamentos e sentimentos que apresentamos quando nos relacionamos com outras pessoas.

O cérebro social nos possibilita a percepção do "Eu sei como você se sente". E isso ficou muito claro em um estudo com casais de namorados realizado da seguinte forma: na primeira parte do experimento, um de cada vez foi colocado no aparelho de ressonância magnética funcional e submetido a sensações dolorosas classificadas como leves. Antes de receber o estímulo doloroso, o voluntário era avisado. O simples aviso desencadeou a ativação de alguns circuitos cerebrais, especialmente daqueles ligados ao medo e à ansiedade. Ocorria uma espécie de antecipação à sensação dolorosa.

Na segunda parte, o voluntário era avisado de que, a partir daquele momento, somente o(a) parceiro(a) receberia uma descarga dolorosa. O resultado foi surpreendente. Mesmo sabendo que não sentiria mais dor, o voluntário passou a ativar as mesmas áreas cerebrais ao ser avisado de que seu par sofreria. Isso aponta para a existência de uma "ponte neural" (cérebro-cérebro) capaz de promover alterações no funcionamento cerebral e, consequentemente, reações fisiológicas nas pessoas com as quais interagimos.

Alguns animais também apresentam certo nível de conexão mental. Eles conseguem, até certo ponto, sincronizar-se com os sentimentos alheios e entender suas intenções. No entanto, nenhum ser tem esse sistema cerebral tão aprimorado quanto o ser humano. Os cientistas acreditam que é justamente por meio dessa conexão (cérebro-cérebro) estabelecida nos nossos relacionamentos interpessoais que aflora a *moralidade inata*.

Ambas as teorias apontam para a mesma direção: somos seres sociais e, de alguma forma, estamos fadados a estabelecer relações com pessoas ao nosso redor. Se o nosso destino é a conexão com "o outro", fica claro que o senso de justiça e a compaixão são instrumentos poderosos para que relações amigáveis e saudáveis se desenvolvam. Talvez esse seja o principal motivo para explicar por que os seres humanos "já vêm de fábrica" com um dispositivo para distinguir o certo do errado.

De alguma forma, o senso moral inato que os humanos apresentam parece confirmar o velho dito popular "A união faz a força". E, quando essa união se estabelece por meio de sentimentos altruístas e comportamento éticos, a espécie e sua perpetuação ganham um reforço significativo na corrida biológica da evolução.

E a cultura, onde entra nisso?

É obvio que não podemos atribuir somente à genética e à evolução biológica a nossa capacidade de solidariedade e de compaixão. A cultura à qual somos expostos em determinada sociedade também nos influencia em diversos aspectos de nossa personalidade.

É fundamental não confundir a nossa capacidade inata de distinguir o certo do errado com a capacidade de tomarmos as atitudes corretas ao invés das erradas. Uma coisa é saber o que deve ser feito; a outra é agir de acordo com esse preceito.

Somos dotados não só do senso inato de moralidade, mas também de inteligência para análise estratégica. Dessa forma, podemos, infelizmente, usar nossa capacidade racional para "tapear" a moral inata e, com isso, tirar proveito de determinadas situações.

As guerras talvez sejam o exemplo mais cruel dessa habilidade dos seres humanos em driblar o inato senso moral. Para que um grupo enfrente o outro, é necessária uma causa aparentemente justa ou moralmente correta. Como não existe guerra moral, sempre haverá uma liderança habilidosa em manipular mentalmente as diferenças culturais de forma a colocar uns contra os outros. A manipulação moral acaba por despertar os instintos humanos relacionados à luta pela sobrevivência. Monta-se, assim, o cenário perfeito para uma guerra politicamente correta e moralmente maquiada. Todas as guerras são assim: injustificáveis. O que ocorre de fato é a sórdida manipulação moral por parte de uma pequena minoria humana.

Ao longo da nossa história, podemos observar incontáveis exemplos da manipulação bélica da moral: ora legitimando suas ações por meio da desqualificação étnica de determinados grupos humanos (perseguição aos judeus na Alemanha nazista, por exemplo), ora pela utilização de motivos religiosos (tais como as ações terroristas da Al-Qaeda), ou ainda pelo combate à opressão em nome da liberdade (a invasão do Iraque pelos Estados Unidos).

A cultura influencia diretamente os valores morais de uma sociedade e cria também os parâmetros que estabelecem o status hierárquico de cada membro social. Sem dúvida alguma, a posse de bens materiais sempre foi algo valorizado nas vitrines sociais. Mas já existiram tempos em que o status intelectual e a retidão de caráter também eram características bastante valoradas entre os membros de nossa sociedade.

O "saber" e o "ser" já foram bens de alto valor moral social. Hoje, vivemos os tempos do "ter", em que não importa o que uma pessoa saiba ou faça, mas sim que ela tenha dinheiro (de preferência, muito) para pagar por sua ignorância e por suas falhas de caráter.

Nesse cenário propício surge a cultura da "esperteza": temos que ser ricos, bonitos, etiquetados, sarados, descolados e muito invejados. O pior dessa cultura é que seus membros sociais não se contentam apenas com o "ter"; é necessário exibir e ostentar todos os seus bens. Assim ninguém esquece, nem sequer por um minuto, quem são os donos da festa.

E é exatamente essa cultura que faz com que determinados jovens bem-nascidos optem por caminhos rápidos, como a venda de drogas e produtos contrabandeados, para obter o status social dos bem-sucedidos. Para esses rapazes e moças, o caminho dos estudos, do saber e do "ser" é longo demais; eles querem tudo aqui e agora.

Vivemos em meio a uma cultura que privilegia o indivíduo em detrimento da humanidade como um todo. Basta ver o que está acontecendo com o problema da emissão acentuada de gases tóxicos, causando o efeito estufa e o aquecimento global. Esse fato, entre tantos outros, mostra que equivocados valores como esses começam a comprometer o futuro da espécie humana. Chegamos até aqui por nossas habilidades sociais, e não por força física. Se quisermos manter nossa supremacia biológica no mundo natural, teremos que rever nossos próprios conceitos, criando uma nova cultura que se baseie na solidariedade e no sucesso da coletividade.

A maldade original de fábrica

Se existe de fato um kit de moralidade instalado em nosso "hardware" cerebral (nossa composição biológica), como explicar o comportamento desumano dos psicopatas? Tudo indica que esses indivíduos apresentam uma "desconexão" dos circuitos cerebrais relacionados à emoção. Só podemos ter senso moral quando manifestamos um mínimo de afeto em relação às pessoas e às coisas ao nosso redor. Dessa maneira, o comportamento frio e perverso dos psicopatas não pode ser atribuído simplesmente a uma má criação ou educação. No meu entender, a origem da psicopatia está na incapacidade que essas criaturas têm de *sentir*, e não de agir de forma correta.

Uma parcela significativa da população se recusa a acreditar nessa "desumanidade de fábrica" que os psicopatas apresentam. Para entendermos como uma mente pode funcionar sem emoção, é preciso conhecer os aspectos neurofuncionais da emoção e da razão.

Emoção e razão

São as funções mais complexas produzidas pelo cérebro humano. Em nosso cotidiano, ativamos operações mentais que envolvem sempre uma e outra (às vezes, mais uma do que a outra). Apesar de elas serem parceiras constantes, os mecanismos neurais geradores da emoção e da razão são distintos.

As emoções negativas são mais estudadas e compreendidas do que as positivas, e a mais conhecida de todas é o medo. Este surge quando algo nos ameaça, desencadeando uma ação de luta ou fuga. Outro exemplo de emoção importante é a raiva. Ela se apresenta frequentemente como mecanismo de defesa ou, ainda, como um meio de garantia de sobrevivência. Animais costumam agredir seus semelhantes como forma de defender seu território, disputar as fêmeas e estabelecer hierarquias sociais.

Nos seres humanos, as reações de medo e raiva se manifestam de forma bastante semelhante àquela observada nos animais. No entanto, entre os seres humanos, as emoções são moduladas pela razão. Doses certas de razão e emoção é que fazem com que tenhamos comportamentos tipicamente humanos.

O sistema límbico, formado por estruturas corticais e subcorticais, é responsável por todas as nossas emoções (alegria, medo, raiva, tristeza etc.). Uma das principais estruturas do sistema límbico chama-se amígdala (ver figura na página 232). Localizada no interior do lobo temporal, essa pequena estrutura funciona como um "botão de disparo" de todas as emoções.

A razão, por sua vez, envolve diversas operações mentais de difícil definição e classificação. Entre elas, podemos citar: raciocínio, cálculo mental, planejamentos, solução de problemas, comportamentos sociais adequados.

A principal região envolvida nos processos racionais é o lobo pré-frontal (região da testa): uma parte dele (córtex dorsolateral pré-frontal) está associada a ações cotidianas do tipo utilitárias, como decorar o número de um telefone ou objetos. A outra parte (córtex medial pré-frontal) recebe maior influência do sistema límbico, definindo de forma significativa as ações tomadas nos campos pessoais e sociais.

A interconexão entre a emoção (sistema límbico) e a razão (lobos pré-frontais) é que determina as decisões e os comportamentos socialmente adequados.

Razão de mais, emoção de menos

Um caso histórico ocorrido em meados do século XIX em Vermont, Estados Unidos, evidenciou de forma muito clara essa estreita associação entre comportamento moral e lesão cerebral:

Phineas Gage trabalhava em uma estrada de ferro. Era um sujeito benquisto por todos, bom trabalhador e ótimo chefe de família. Em 1848, uma explosão no local de trabalho fez com que uma barra de ferro perfurasse seu cérebro na região denominada córtex pré-frontal (ver figura na página 232). De forma espantosa, Gage não perdeu a consciência e sobreviveu ao ferimento sem nenhuma sequela aparente. Ele caminhava normalmente e suas memórias estavam preservadas. Contudo, com o passar do tempo, Gage se tornou outra pessoa: indiferente afetivamente, sujeito a ataques de ira e sem nenhuma educação com as pessoas ao seu redor. Gage nunca mais foi o homem que todos admiravam, o homem "pré-acidente". Embora ele nunca tenha assassinado ninguém, sua vida foi uma patética sucessão de subempregos, brigas, bebedeiras e pequenos golpes.

Tal história teve um papel decisivo no estudo do comportamento humano, pois foi uma prova viva de que alterações no senso moral podem ocorrer quando o cérebro sofre lesões em áreas específicas (nesse caso, o lobo pré-frontal). A partir desse episódio, os cientistas passaram a pesquisar as raízes cerebrais do comportamento amoral.

É importante sublinhar que os estudos clínicos sobre a psicopatia sempre apresentaram grandes dificuldades de ser realizados. A investigação clínica sobre a personalidade psicopática é uma tarefa extremamente complicada, pois as testagens realizadas para esse fim dependem dos relatos dos avaliados. Os psicopatas não têm interesse nenhum em revelar algo significante para os pesquisadores e tentam sempre manipular a verdade para obter vantagens.

Tudo indica que o uso sistemático das novas técnicas de neuroimagens (RMf e PET-SCAN) ajuda a reforçar o diagnóstico da psicopatia, uma vez que os estudos recentemente realizados apontam para alterações características do funcionamento cerebral de um psicopata. Pessoas sem nenhum traço psicopático revelaram intensa atividade da amígdala e do lobo frontal (neste, de menor intensidade) quando estimuladas a se imaginarem

REGIÕES DO CÉREBRO ENVOLVIDAS
NA TOMADA DE DECISÕES MORAIS

Córtex dorsolateral pré-frontal

Normalmente associado àquele tipo de cognição "fria", como decorar um número de telefone. Ele fica mais ativo quando temos de fazer escolhas utilitárias.

Córtex anterior cingulado

Dilemas difíceis de serem solucionados provocam muita atividade nessa região, sinalizando ao córtex dorsolateral pré-frontal que ele assuma o controle executivo.

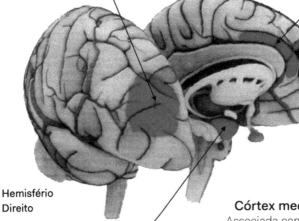

Hemisfério Esquerdo

Hemisfério Direito

Amígdala

Emoções fortes, como o medo, têm seu epicentro aqui.

Córtex medial pré-frontal

Associada com as emoções e o pensamento social, essa parte do cérebro esteve envolvida no caso de Phineas Gage (1823-60), paciente que sobreviveu a uma lesão no cérebro, mas cuja personalidade passou de dócil a difícil.

Fonte: *Galileu*, n. 199, fev. 2008, p. 41.

cometendo atos imorais ou perversos. No entanto, quando os mesmos testes foram realizados num grupo de psicopatas criminosos, os resultados apontaram para uma resposta débil nos mesmos circuitos.

Se considerarmos que a amígdala é o nosso "coração cerebral", entenderemos que os psicopatas são seres sem "coração mental". O cérebro deles é gelado e, assim, incapaz de sentir emoções positivas, como o amor, a amizade, a alegria, a generosidade, a solidariedade... Essas criaturas possuem grave "miopia emocional", e, ao não sentir emoções positivas, sua amígdala deixa de transmitir, de forma correta, as informações para que o lobo frontal possa desencadear ações ou comportamentos adequados. Chegam menos informações do sistema afetivo/límbico para o centro executivo do cérebro (lobo frontal), o qual, sem dados emocionais, prepara um comportamento lógico, racional, mas desprovido de afeto.

Se partirmos da premissa de que a alteração primária dos psicopatas é uma amígdala hipofuncionante, poderemos considerar as seguintes situações:

1. Psicopatas pensam muito e sentem pouco. Suas ações são racionais, e a razão tende sempre a escolher, de maneira objetiva, o que leva à sobrevivência e ao prazer. De forma primitiva, a razão usa sempre a "lei da vantagem". Esse modo de pensar privilegia o indivíduo, e nunca o outro ou o social.

2. Como espécie, os homens evoluíram muito mais por sua capacidade de cooperação social do que por seus atributos individuais. Assim, podemos perceber que os psicopatas são seres cuja tomada de decisão privilegia sempre os interesses individuais e/ou oligárquicos mesquinhos, e nunca o social e/ou o coletivo de conteúdo solidário.

3. Sem conteúdo emocional em seus pensamentos e em suas ações, os psicopatas são incapazes de considerar os sentimentos do outro em suas relações e de se arrependerem por seus atos imorais ou antiéticos. Dessa forma, não aprendem a partir da experiência e, por isso, são intratáveis, sob o ponto de vista da ressocialização.

Montando o quebra-cabeça

Não há dúvida de que os psicopatas apresentam um déficit na integração das emoções com a razão e o comportamento. Mas é importante destacar que eles não possuem uma lesão nos córtex pré-frontais e na amígdala, como observado no caso Gage. Os pacientes que têm essas lesões provocadas por tumores, hemorragias, isquemias ou traumatismos apresentam comportamentos que nos lembram os dos psicopatas pela indiferença com que se relacionam com os outros e consigo mesmas. Além disso, os pacientes de lesão cerebral mostram-se incapazes de se adaptar, de forma conveniente, a um trabalho, a sua família e a seus amigos.

Já os psicopatas apresentam esses desajustes em graus bem variáveis: alguns deles estudam com interesse; outros trabalham durante anos com sucesso; há aqueles que cometem delitos desde pequenos; e ainda existem os que podem levar uma vida aparentemente integrada, mas, paralelamente, executando crimes bárbaros e repugnantes.

As diversas manifestações das condutas psicopáticas nos levam necessariamente a uma avaliação da importância que o meio ambiente pode ter na apresentação desse transtorno. O ambiente social no qual a violência e a insensibilidade emocional são "ensinadas" no dia a dia pode levar uma pessoa propensa à psicopatia a ser um perigoso delinquente. Por outro lado, um ambiente social favorável e uma educação mais rigorosa e menos condescendente às transgressões pode levar essa mesma propensão a se manifestar na forma de um desvio social leve ou moderado.

Podemos, então, concluir que a psicopatia apresenta dois elementos causais fundamentais: uma disfunção neurobiológica e o conjunto de influências sociais e educativas que o psicopata recebe ao longo da vida.

A engrenagem psicopática funcionaria desta maneira: a predisposição genética ou a vulnerabilidade biológica se concretiza em uma criança que apresente o déficit emocional. Uma criança assim possui um sistema mental deficiente na percepção das emoções e dos sentimentos, na regulação da impulsividade e na experimentação do medo e da ansiedade. Nos casos em que os pais (família) realizam de forma muito competente suas tarefas educacionais, essas características biológicas podem ser compensadas ou canalizadas para atividades socialmente aceitas. No entanto, quando o ambiente não é capaz de fazer frente a tal bagagem genética — por falhas educacionais por parte dos pais, por uma socialização deficiente ou ainda pelo fato de essa bagagem genética ser muito marcada —, o resultado será um indivíduo psicopata sem nenhum limite.

É mais sensato falarmos em ajuda
e tratamento para as vítimas dos
psicopatas do que para eles mesmos.

13
O QUE PODEMOS FAZER?

Senhoras e senhores, não trago boas-novas. Com raras exceções, as terapias biológicas (medicamentos) e as psicoterapias em geral se mostram, até o presente momento, ineficazes para a psicopatia. Para os profissionais de saúde, esse é um fator intrigante e, ao mesmo tempo, desanimador, uma vez que não dispomos de nenhum método eficaz que mude a forma de um psicopata se relacionar com os outros e perceber o mundo ao seu redor. É lamentável dizer que, por enquanto, tratar um deles costuma ser uma luta inglória.

Temos que ter em mente que as psicoterapias são direcionadas às pessoas que estejam em intenso desconforto emocional, o que as impede de manter uma boa qualidade de vida. Por mais bizarro que possa parecer, os psicopatas parecem estar inteiramente satisfeitos consigo mesmos e não apresentam constrangimentos morais nem sofrimentos emocionais, como depressão, ansiedade, culpas, baixa autoestima etc. Não é possível tratar um sofrimento inexistente.

É no mínimo curioso, embora dramático, pensar que os psicopatas são portadores de um grave problema, mas quem de fato sofre é a sociedade como um todo. Em função disso, pouquíssimos profissionais se arriscam nessa "empreitada". Quando o fazem, chegam à triste constatação de que contribuíram com uma ínfima parcela ou com absolutamente nada. É importante lembrar que, de uma forma geral, todos estamos vulneráveis às ações desses predadores sociais. Assim, é mais sensato falarmos em ajuda e tratamento para as vítimas dos psicopatas do que para eles mesmos.

De mais a mais, só é possível ajudar aqueles que de fato querem e procuram ajuda. Os psicopatas, além de achar que não têm problemas, não esboçam nenhum desejo de mudança para se ajustarem a um padrão socialmente aceito. Julgam-se autossuficientes, são egocêntricos, e suas ações predatórias são absolutamente satisfatórias e recompensadoras para eles mesmos. Mudar para quê?

Dessa forma, os psicopatas raramente procuram auxílio médico ou psicológico. Quando chegam a um consultório, quase sempre é por pressões familiares ou, então, com o intuito de se beneficiarem de um laudo técnico. Frequentemente estão envolvidos com problemas legais, endividados e às voltas com o sistema judicial. Por isso, tentam obter do profissional de saúde mental algum diagnóstico ou alguma comprovação de problemas que os auxiliem a minimizar as sanções que lhes foram impostas.

Estudos também demonstram que, em alguns casos, a psicoterapia pode até agravar o problema. Para as pessoas "de bem", as técnicas psicoterápicas sem dúvida alguma são fundamentais para a superação das suas angústias ou dos seus desconfortos. No entanto, para os psicopatas, as sessões terapêuticas podem muni-los de recursos preciosos que os aperfeiçoam na arte de manipular e trapacear os outros. Embora eles continuem incapazes de sentir boas emoções, nas terapias, aprendem "racionalmente" o que isso pode significar e não poupam tal conhecimento para usá-lo na primeira oportunidade. Além disso, acabam obtendo mais subsídios para justificar seus atos transgressores, alegando que estes são fruto de uma infância desestruturada. De posse dessas informações, abusam de forma quase "profissional" do nosso sentimento de compaixão e da nossa capacidade de ver a bondade em tudo.

O que os pais podem fazer?

Como já foi dito, podemos observar características de psicopatia desde a infância até a vida adulta. Antes dos dezoito anos, como já vimos, por uma questão de nomenclatura, o problema é chamado de transtorno da conduta. Crianças ou adolescentes que são francos candidatos à psicopatia possuem um padrão repetitivo e persistente que pode ser sintetizado pelas características comportamentais descritas a seguir:

→ Mentiras frequentes (às vezes, o tempo todo).
→ Crueldade com animais, coleguinhas, irmãos etc.
→ Condutas desafiadoras às figuras de autoridade (pais, professores etc.).
→ Impulsividade e irresponsabilidade.
→ Baixíssima tolerância à frustração, com acessos de irritabilidade ou fúria quando são contrariados.
→ Tendência a culpar os outros por erros cometidos por si mesmos.
→ Preocupação excessiva com seus próprios interesses.
→ Insensibilidade ou frieza emocional.
→ Ausência de culpa ou remorso.
→ Falta de empatia ou preocupação pelos sentimentos alheios.
→ Falta de constrangimento ou vergonha quando pegos mentindo ou em flagrante.
→ Dificuldade em manter amizades.

→ Permanência fora de casa até tarde da noite, mesmo com a proibição dos pais — muitas vezes, podem fugir e ficar dias sem aparecer em casa.

→ Faltas constantes sem justificativas na escola ou no trabalho (quando mais velhos).

→ Violação às regras sociais que se constituem em atos de vandalismo, como destruição de propriedades alheias ou danos ao patrimônio público.

→ Participação em fraudes (falsificação de documentos), roubos ou assaltos.

→ Sexualidade exacerbada, muitas vezes levando outras crianças ao sexo forçado.

→ Introdução precoce no mundo das drogas ou do álcool.

→ Nos casos mais graves, podem cometer homicídio.

Vale ressaltar que essas características são apenas genéricas e que o diagnóstico exato só pode ser firmado por especialistas no assunto. Além do mais, o leitor deve atentar para a frequência e a intensidade com que essas características se manifestam.

É muito comum e até compreensível que os pais de jovens com características psicopáticas se perguntem quase sempre em um tom de desespero: "O que nós fizemos de errado para que nosso filho seja assim?". Os pais se sentem culpados por achar que falharam na educação dos seus filhos e que não souberam impor limites. Isso é um grande equívoco! Não resta dúvida de que a educação, a estrutura familiar e o ambiente social influenciam na formação da personalidade de um indivíduo e na maneira como ele se relaciona com o mundo. No entanto, esses fatores por si sós não são capazes de transformar ninguém em um psicopata.

Não obstante, é muito importante que os pais tenham conhecimento pleno sobre o assunto e que passem a reconhecer a disfunção em seus filhos, dispensando ao problema a atenção que ele merece. Quando em grau leve e detectada ainda precocemente, a psicopatia pode, em alguns casos, ser modulada por meio de uma educação mais rigorosa. Um ambiente familiar mais estruturado e com a vigilância constante em relação aos filhos "problemáticos" certamente não evita a psicopatia, mas pode inibir uma manifestação mais grave — e, então, fazer toda a diferença. É lógico que essas medidas estão longe de ser ideais; são apenas paliativas e demandam muito esforço e empenho por parte dos envolvidos na criação. No entanto, para salvaguardar a estrutura familiar e a sociedade como um todo, não podemos desprezá-las. As posturas que devem ser assumidas são as seguintes:

→ Procure conhecer bem o seu filho. A maioria dos pais não sabe como ele se comporta longe dos seus olhos. Estabeleça contato com todas as pessoas do convívio dele (professores, amigos, pais dos amigos etc.). Quanto mais precocemente você identificar o problema, maiores serão as chances de que ele se molde a um estilo de vida minimamente produtivo e socialmente aceito.

→ Busque ajuda profissional. Isso é válido tanto para se certificar do diagnóstico dessa criança quanto para receber orientações de como você deve agir.

→ Não permita que seu filho controle a situação. Estabeleça um programa de objetivos mínimos para obter alguns resultados positivos. Regras e limites claros são necessários para evitar as condutas de manipulação, enganos e falta de respeito para com os demais. Lembre-se de que uma criança com perfil psicopático apresenta um talento extraordinário para distorcer as regras estabelecidas e virar o jogo a favor dela. Por isso, *não ceda*! Se você fraquejar, certamente ela ocupará todos os "espaços" deixados pela sua desistência.

Não pretendo ser pessimista, no entanto não seria honesto da minha parte afirmar que "a psicopatia" infantojuvenil atualmente apresenta uma solução satisfatória. O máximo que podemos fazer é adotar posturas no trato com essas crianças no intuito de melhorar a forma como o problema vai se manifestar no futuro.

A psicopatia não tem cura; é um transtorno da personalidade, e não uma fase de alterações comportamentais momentâneas. Porém, temos que ter sempre em mente que tal transtorno apresenta formas e graus diversos de se manifestar e que apenas os casos mais graves apresentam barreiras de convivência intransponíveis. Segundo o DSM-IV-TR, a psicopatia tem um curso crônico, porém pode se tornar menos evidente à medida que o indivíduo envelhece — particularmente, a partir dos quarenta anos de idade.

Não negue às bem o mal.
Jamais concorde, por pena,
chantagem ou qualquer outro
motivo, em ajudar um psicopata
a ocultar o seu verdadeiro caráter.

14
MANUAL DE
SOBREVIVÊNCIA

Como vimos até aqui, pouco ou nada podemos fazer para mudar a forma de ser de um psicopata. A maioria esmagadora da população está ao sabor de suas ações predatórias. Então, o que pode ser feito para que não sejamos presas tão fáceis?

Sem sombra de dúvida, a melhor estratégia é não se envolver com nenhum deles em campo algum de sua vida (profissional, afetivo ou social). Mas isso não é tão simples assim. Afinal, eles estão infiltrados em todos os setores, são habilidosos em descobrir os pontos fracos das pessoas e sabem muito bem como explorá-los. A grande verdade é que estamos todos na mesma situação: de vulnerabilidade.

Assim, pensei ser relevante listar algumas dicas que você pode seguir para se proteger, ou, em última análise, para ajudá-lo a minimizar os estragos que um psicopata pode ocasionar em sua vida.

Dicas gerais para lidar com os psicopatas

1 – Saiba com quem você está lidando.

Esta primeira e importante regra se traduz no "remédio amargo" de aceitar que os psicopatas existem de fato e que eles literalmente não possuem consciência genuína. Ou seja, eles são incapazes de experimentar o amor ou algum outro tipo de ligação positiva com os outros seres humanos. Eles podem ser encontrados em todos os segmentos da sociedade, e existe uma grande probabilidade de você ter um encontro doloroso com um deles. Nunca menospreze o poder destruidor de um psicopata. Todas as pessoas, incluindo os especialistas, podem ser manipuladas e enganadas por eles, mesmo que tenham um conhecimento razoável sobre o assunto. Por isso, sua melhor defesa é entender e, principalmente, aceitar que existem pessoas com essa natureza fria e devastadora.

2 – As aparências enganam!

Todo cuidado é pouco! Como disse Saint-Exupéry em *O pequeno príncipe*: "Só se vê bem com o coração. O essencial é invisível aos olhos".

Tenha sempre em mente que a maioria dos psicopatas não tem "pinta" de assassino. Eles costumam ter um sorriso cativante, linguagem corporal interessante e uma boa lábia. Não caia nessa cilada! Ao conhecer novas pessoas, procure enxergar o que está por trás de tantos atrativos. Não se distraia com os olhares sedutores, a demonstração de poder, os gestos atraentes, a voz suave ou o traquejo verbal característicos de um psicopata. Todos esses artifícios são utilizados com extrema habilidade exatamente para encobrir as verdadeiras intenções dele.

Também não se esqueça do poder do olhar desses indivíduos. Pessoas normais mantêm contato visual com as outras por uma gama de razões, na maioria das vezes, por educação, mas o olhar intenso e frio do psicopata é mais um exercício de poder e de manipulação do que simplesmente interesse ou empatia pelo outro.

Em suma, da próxima vez que conhecer alguém que pareça ser uma pessoa muito extraordinária, tente não se iludir com o "evento teatral" à sua frente. Desvie seu olhar para as outras pessoas e se atenha ao que está sendo dito no conteúdo do discurso. É um exercício de separar a letra da melodia em uma canção.

3 – Não se esqueça de considerar a voz da sua intuição.

Sem perceber, todos nós estamos constantemente observando o comportamento das pessoas. Muitas das impressões captadas por nosso cérebro podem se acumular em nossa memória de forma inconsciente, ou seja, sem que tenhamos conhecimento racional disso. Essas informações por vezes "guardadas" se manifestam na forma de intuição — como se fosse um instinto protetor do nosso organismo —, sinalizando perigos "invisíveis". Embora aparentemente estranhas, essas informações, traduzidas na forma de sensações, podem ajudar você se assim o permitir.

Então, lembre-se: quando estiver num dilema entre seguir o que manda o seu coração (intuição) e valorizar uma pessoa apenas por seu status, charme ou sedução, não vacile: siga sua intuição. Ela pode tirar você de uma grande enrascada!

4 – Abra os olhos com pessoas maravilhosas ou excessivamente bajuladoras.

No início de qualquer relacionamento, todos nós tentamos esconder aquele "lado meio sombrio", mostrando apenas o que temos de melhor. Para a maioria dos psicopatas, isso também não é diferente, muito embora com consequências infinitamente maiores. Eles tendem a impressionar suas vítimas com elogios, cuidados especiais, gentilezas excessivas e histórias falsas sobre seu status social e/ou financeiro. Devemos ter uma "dose" extra de cautela quando alguma pessoa aparenta ser "tudo de bom". Evidentemente, não estou propondo que você contrate um detetive particular cada vez que conhecer alguém que lhe desperte algum interesse profissional ou afetivo, mas apenas sugerindo que você avalie muito bem quem é a pessoa com a qual está lidando.

Na medida do possível, procure lhe fazer perguntas sobre seus familiares, amigos, emprego, residência, projetos futuros. Os psicopatas geralmente dão respostas vagas, evasivas ou até inconsistentes quando questionados sobre sua própria vida. Suspeite de tais respostas e, se puder, procure confirmá-las. Cuidado também para não cair no golpe da pessoa perfeita, que fica horas a fio ouvindo seus problemas sem se preocupar em falar de si mesma. Na realidade, esses falsos "terapeutas" estão colhendo informações para usá-las mais tarde contra você.

Outra situação para manter os olhos bem abertos é quanto à bajulação. A maioria de nós gosta de receber elogios. Eles são sempre muito bem-vindos, principalmente quando sinceros. Em contrapartida, a bajulação excessiva, o agradar afetado e pouco realista é uma das táticas dos psicopatas para nos cegar, seduzir e encobrir suas verdadeiras intenções: manipulação e controle. Por isso, desconfie dos famosos "puxa-sacos"!

E aqui é importante esclarecer que a regra da bajulação se aplica tanto para os indivíduos quanto para os grupos e nações. Da mesma forma que um indivíduo se empolga com a adulação de um manipulador, uma nação inteira pode se "hipnotizar" por lideranças políticas que se utilizam desses mesmos recursos. A história da humanidade está recheada de estadistas tiranos que, ao engrandecer seu povo, fazem dele uma "presa coletiva" com um único objetivo: o desejo de poder. A exaltação do patriotismo, por exemplo, muitas vezes vem apenas como uma camuflagem para legitimar a necessidade de realização das guerras. Discursos com apelos de que as guerras devem ser travadas para o bem da humanidade ou para a construção de um mundo melhor são extremamente perigosos e suspeitos. Guerras são guerras, e todas elas são injustificáveis!

5 – Certas situações merecem atenção redobrada.

Determinados lugares encaixam-se como luvas para a ação plena dos psicopatas: bares, clubes sociais, boates, resorts, cruzeiros, aeroportos. Nesses locais, eles fazem verdadeiros plantões. Suas vítimas preferenciais são os solitários que buscam companhia ou diversão. Os psicopatas, à espreita, observam-nas atentamente e depois partem para o ataque. Os viajantes desacompanhados também são alvos fáceis, pois são prontamente identificados como perdidos e sozinhos num aeroporto ou num ponto turístico qualquer. Então, fique esperto!

6 – Autoconhecimento é fundamental.

Os psicopatas são *experts* em detectar e explorar nosso lado mais vulnerável. Eles identificam as "feridas" certas e não perdem a chance de tocá-las quando podem. Assim, uma ótima forma de defesa é entender a si mesmo, saber verdadeiramente quais são seus pontos fracos. Desconfie de qualquer pessoa que os aponte com frequência, seja em particular, seja em situações públicas e pouco apropriadas. Tenha cuidado com pessoas muito críticas e que vivem atentas às suas vulnerabilidades e às dos outros.

O autoconhecimento nem sempre é fácil de ser alcançado; por vezes, a ajuda de um profissional especializado pode ser muito útil nesse sentido.

7 – Não entre no jogo das intrigas.

A intriga é uma das ferramentas poderosas de um psicopata. No ambiente de trabalho, a intriga pode levar a consequências devastadoras. A princípio, o psicopata se mostra um ótimo colega de trabalho, com espírito de colaboração e um especial interesse em oferecer seu ombro a quem necessita de uma força. Em pouco tempo, ele é capaz de se tornar seu "melhor amigo de infância". Logo depois, entretanto, começará a utilizar as informações colhidas no ombro amigo para fazer intrigas. E isso ele fará com você e com todos aqueles que inicialmente acreditaram em sua "amizade".

Sem mais nem por quê, a confusão está armada! Funcionários começam a se desentender e todos acabam fazendo mexericos. Somente o psicopata, perante o chefe, está fora de tanta "baixaria".

Resista à tentação de entrar no jogo das intrigas: fale diretamente com seu colega sobre os fatos ou, se possível, com o próprio chefe. Não deixe ninguém intermediar desentendimentos por você. Se entrar nesse joguinho, você pode acabar se igualando ao psicopata e se distraindo em relação ao mais importante: proteger-se.

8 – Cuidado com o jogo da pena e da culpa.

É muito importante você entender que o sentimento de pena ou de compaixão deve ser reservado às pessoas generosas, de bom coração e que estejam em sofrimento verdadeiro. Temos a virtude de sentir tristeza diante da aflição alheia e nos compadecemos com essa dor. A compaixão faz que nos sintamos mais humanos, pois enxergamos nosso semelhante como a nós mesmos.

Mas, afinal, devemos dispensar um sentimento tão nobre a alguém frio e cruel? Decididamente não!

Para início de conversa, um psicopata não sofre de fato. No máximo, ele conseguirá sentir frustração por algo que não conseguiu concretizar. Também é muito importante ter em mente que os psicopatas se alimentam dos nossos sentimentos mais nobres, da nossa compaixão, para se tornarem cada vez mais fortes e poderosos. Sentir pena de um deles é como dar o alimento preciso para ele continuar com suas atitudes inescrupulosas. Não tenha pena de um psicopata; não gaste suas reservas de compaixão com uma pessoa desprovida de empatia Ela sugará você até que se sinta vazio e fragilizado.

Por outro lado, um psicopata também "brinca" com o nosso sentimento de culpa — outra virtude. Qualquer que seja o motivo pelo qual tenha se envolvido com um psicopata, é muito importante ter em mente o seguinte: *nunca* aceite que ele culpe você por suas próprias atitudes. Tenha a plena convicção de que a vítima é você, e não ele. Os psicopatas são habilidosos em inverter papéis e fingem sofrer. De algozes, passam por vítimas com a maior tranquilidade. Maridos que agridem fisicamente sua esposa costumam responsabilizá-la por seus atos agressivos. Uma de minhas pacientes passou anos se culpando pelos descontroles agressivos do marido: ele a convenceu, durante muito tempo, de que a espancava porque a amava demais e por ela utilizar roupas que valorizavam sua beleza. Perceba o disparate!

Os psicopatas não amam seus cônjuges, isso não existe! Eles os possuem como uma mercadoria ou um troféu, com os quais reforçam seus desejos de manipulação, controle e poder.

De forma muito parecida, pais de filhos psicopatas sofrem e se culpam porque se sentem responsáveis pelo desenvolvimento da personalidade de seus filhos. No entanto, tudo indica que esses pais não cometeram erros tão graves assim — se é que os tenham cometido de fato. Os estudos sobre a personalidade psicopática revelam que a educação fornecida pelos pais pode, no máximo, exacerbar o problema, mas não existe nenhum indício de que a maneira de educar seja capaz de originar a psicopatia.

Filhos psicopatas se utilizam muito do jogo da culpa. Eles costumam justificar os seus atos transgressores como consequência de comportamentos inadequados de seus pais quando ainda eram crianças. E, infelizmente, é muito difícil convencer esses pais de que nada disso é verdade. Os pais são as maiores vítimas do jogo da culpa.

9 – Não tente mudar o que não pode ser mudado.

> Deus, conceda-me serenidade para aceitar as coisas que não posso mudar, coragem para mudar aquelas que posso e sabedoria para reconhecer a diferença entre elas.
>
> "Oração da serenidade"

Em algum momento, a maioria de nós precisa aprender uma importante e decepcionante lição de vida: mesmo que nossas intenções de ajudar um psicopata sejam as melhores possíveis, não devemos nem podemos controlar o comportamento dele. Por isso, ignore os repetidos pedidos de chances teatralmente implorados pelo psicopata. Chances são para as pessoas que possuem consciência, indivíduos de bom coração.

Se você está convencido de que não pode controlar ninguém, mas, mesmo assim, deseja ajudar pessoas de forma geral, procure apenas as que realmente querem ser ajudadas. Logo, logo você vai descobrir que esse grupo que merece ajuda não inclui as pessoas sem consciência. E lembre-se: o comportamento do psicopata não é culpa sua, e muito menos ajudá-lo constitui sua missão de vida.

Quando se trata especificamente de filhos psicopatas, o caso se torna mais sério. Isso porque os pais tentam desesperadamente entender o comportamento transgressor de seus filhos. Além de passarem anos a fio livrando-os de encrencas, também costumam fazer uma verdadeira *via crucis* a diversos especialistas. Ao final, amargam a certeza de que muito pouco podem fazer para controlar seus filhos.

10 – Nunca seja cúmplice de um psicopata.

Não negocie com o mal! Jamais concorde, por pena, chantagem ou qualquer outro motivo, em ajudar um psicopata a ocultar o seu verdadeiro caráter. Cuidado com os velhos chavões do tipo "Não conte nada disso a ninguém", "Você me deve uma", "Em nome dos velhos tempos", "Amanhã eu limpo a sua barra", "Uma mão lava a outra", que geralmente são proferidos aos prantos ou sussurros cautelosos. Intervenções desse tipo são muito utilizadas pelos psicopatas para convencer alguém a encobrir suas transgressões. Ignore todos esses apelos. As outras pessoas precisam saber desses segredos para que não caiam na mesma armadilha.

11 – Evite-os a qualquer custo.

Se você já identificou um psicopata na sua vida, o único método verdadeiramente eficaz de lidar com ele é mantê-lo longe, bem longe de você. Os psicopatas vivem completamente fora das regras sociais; por isso, incluí-los em seus relacionamentos é sempre perigoso. Fique com sua consciência limpa e tranquila, pois você não estará ferindo os sentimentos de ninguém. Por mais bizarro que isso possa parecer, os psicopatas não se importam se serão magoados ou não. Isso por uma razão muito simples: eles não têm sentimentos para ser feridos. E, se demonstrarem tristeza, tenha a convicção de que tudo não passa de encenação, puro teatro.

É possível que os seus familiares, amigos ou pessoas do seu convívio nunca entendam por que você está evitando alguém em particular. Isso ocorre pelo fato de a psicopatia ser um transtorno surpreendentemente difícil de ser detectado e muito mais difícil de ser aceito. Não se espante se amigos e parentes muito bem-intencionados promoverem encontros inesperados para resgatar seus laços com o "coitado excluído". Isso acontece por puro desconhecimento sobre a personalidade psicopática. Mantenha-se firme e evite essa pessoa de todas as formas.

12 – Busque ajuda profissional.

Os danos causados pela passagem (ou permanência) de um psicopata na vida de alguém são devastadores e imensuráveis. Sua vida emocional, física, profissional (ou financeira) e até mesmo sua dignidade podem ser sumariamente destruídas por um deles. Assim, na medida do possível, os familiares e as vítimas de psicopatas devem buscar ajuda médica, psicológica e até mesmo jurídica. É recomendado que esses profissionais tenham profundo conhecimento sobre a natureza da personalidade psicopática. A união profissional em favor da vítima é que poderá fazer com que ela possa se reconstruir.

13 – Dê valor à sua capacidade de ser consciente.

Não se esqueça de que você possui o bem mais valioso que um ser humano pode alcançar: a sua consciência, que lhe confere o dom de amar a própria vida, o planeta e a humanidade como um todo. Por isso é tão importante desenvolver e aperfeiçoar a nossa consciência. O desenvolvimento da consciência provoca experiências transformadoras em nós. Mudamos a nossa forma de ver, viver, sentir e nos relacionar com o mundo. Com o aperfeiçoamento da consciência, aumentamos a nossa capacidade de amar e, com isso, temos o privilégio de praticar o amor incondicional. Exercer esse amor de forma realista e madura é ter o *bem* pulsando dentro de nós.

*Os heróis do passado estão se tornando
os otários dos tempos modernos.*

15
ALGUMA COISA
ESTÁ FORA
DA ORDEM

Uma breve revisão na história da humanidade é capaz de revelar duas questões importantes no que tange à origem da psicopatia. A primeira delas se refere ao fato de o problema sempre ter existido entre nós. Um exemplo dessa situação é destacado pelo psiquiatra americano Hervey Cleckley, ao citar que o general grego Alcebíades, no século V a.C., já preenchia todos os requisitos para ser considerado um psicopata "de carteirinha".

A segunda questão aponta para a presença da psicopatia em todos os tipos de sociedades, desde as mais primitivas até as mais modernas. Esses fatos reforçam a participação de um importante substrato biológico na origem do transtorno. No entanto, eles não invalidam, de forma alguma, a participação significativa que os fatores culturais podem ter na modulação desse quadro, ora favorecendo, ora inibindo o seu desenvolvimento.

Isso fica claro quando observamos a prevalência de psicopatas em culturas diversas. Nas sociedades ocidentais, a conduta psicopática tem-se incrementado de maneira assustadora nas últimas décadas. Cotidianamente nos deparamos com jornais e revistas que estampam homicidas cruéis, assassinos em série, políticos corruptos, terroristas, pedófilos, pessoas que maltratam crianças, torturadores de mulheres, líderes religiosos inescrupulosos, estelionatários e profissionais desleais.

Tenho a convicção de que todos esses problemas têm se agravado, de modo extraordinário, por causa da ação dos psicopatas e de pessoas que vêm adotando formas "psicopáticas" de convívio. Se isso ocorre, é porque nossa sociedade está fundamentada em valores e práticas que, no mínimo, favorecem a maneira psicopática de ser e viver. De certa forma, estamos contribuindo para promover uma cultura na qual a psicopatia encontra um campo bastante favorável para florescer.

A cultura dos tempos modernos

A ideologia sobre a qual se alicerça a cultura dos nossos tempos é baseada em três princípios básicos: 1) o individualismo; 2) o relativismo; 3) o instrumentalismo.

De forma compreensível e sem, contudo, aprofundar-me na esfera da filosofia, os três princípios podem ser avaliados da seguinte maneira:

1) O *individualismo* prega a busca do melhor tipo de vida a se usufruir. Entende-se como o melhor tipo de vida aquele que abrange o autodesenvolvimento, a autorrealização e a autossatisfação. De acordo com essa concepção, o indivíduo tem a obrigação moral de buscar sua felicidade em detrimento de qualquer outra obrigação para com os demais.

2) Segundo o *relativismo*, todas as escolhas são igualmente importantes, pois não há um padrão de valor objetivo que nos permita estabelecer uma hierarquia de condutas. Assim, qualquer ação que leva o indivíduo a atingir a autossatisfação é válida e não pode ser questionada.

3) O *instrumentalismo* afirma que o valor de qualquer coisa fora de nós é apenas um valor instrumental, ou seja, o valor das pessoas e das coisas se resume no que elas podem fazer por nós.

Na verdade, tudo está implícito no primeiro e principal componente da cultura moderna: o *individualismo*. Assim, o nosso principal objetivo são a realização e a satisfação pessoal. As obrigações que temos para com as demais pessoas são meramente secundárias, prevalecendo a obrigação de desfrutarmos a vida da maneira que escolhermos. Dessa forma, as outras pessoas se transformam em simples meios para chegarmos a um fim.

O objetivo maior da ideologia moderna era preservar a liberdade individual. No entanto, essa ênfase sobre a liberdade criou a grande contradição de nossos tempos: como estabelecer valores morais e éticos num mundo que prioriza as escolhas individuais?

A modernidade foi responsável por uma série de mudanças na nossa forma de ver e sentir o mundo. A revolução tecnológica inundou de conforto nossa vida. Dispomos de uma imensa variedade de coisas que facilitam nosso dia a dia, porém não encontramos tempo disponível para cultivar o nosso lado afetivo. O convívio reconfortante com a família, os amigos e o amor romântico parecem ser coisas do passado, algo lembrado com nostalgia mas avaliado como utopia nos dias atuais. O desenvolvimento econômico nos tempos modernos fundamenta-se na crença cega de que não podemos parar nunca: há sempre o que aprender, conquistar, possuir, descobrir, experimentar... Nada nem ninguém é capaz de nos satisfazer plenamente, pois sempre há novas possibilidades para serem testadas na conquista da tal realização pessoal.

A realização proposta por nossa sociedade só pode ser de aspecto material, pois afetos verdadeiros não podem ser adquiridos nem substituídos na velocidade que nossos tempos preconizam. A cultura do individualismo e o desejo de conseguir bem-estar material a qualquer custo têm provocado a erosão dos laços afetivos dentro da nossa sociedade. Com isso, virtudes como a honestidade, a reciprocidade e a responsabilidade para com os demais caem em total descrédito. E assim, repletos de conforto e tecnologia, acabamos por nos tornar cada vez mais sozinhos e menos comprometidos com os nossos semelhantes.

Sem sombra de dúvida, o cenário social dos nossos tempos favorece o estilo de vida do psicopata. Ele reflete de forma precisa esse "novo homem", voltado somente para si mesmo, preocupado apenas com o que é seu e desvinculado da realidade vital dos que estão ao redor.

A expansão da cultura moderna, repleta de traços psicopáticos, modificou de forma drástica as nossas relações familiares e sociais. Estamos perdendo o senso de responsabilidade compartilhada no campo social e de vinculação significativa nas relações interpessoais. O aumento implacável da violência é uma resposta lógica e previsível a toda essa situação.

A cultura psicopática está no ar

No campo da ficção, os psicopatas também têm conquistado valorosos espaços. Até bem pouco tempo atrás, nas novelas, nos romances e nos filmes, nós nos identificávamos com os personagens do bem, que, em geral, eram vitimados pelas diversas circunstâncias dos enredos, mas se mantinham éticos e triunfavam ao final, e torcíamos por eles. Hoje, ficamos fascinados e atraídos pelos vilões, e é para eles que dirigimos nossa torcida. Além disso, quando esses bandidos são ricos e poderosos, acabam por se transformar em sedutores de primeira grandeza. Assim, de forma quase natural, estamos abandonando os mocinhos e seus ideais morais de justiça e solidariedade. Os heróis dos novos tempos são maldosos, inescrupulosos e isentos de qualquer sentimento de culpa. Já os personagens bonzinhos despertam em nós um sentimento de pena e até de certa intolerância com seus discursos utópicos e ingênuos. Os heróis do passado estão se tornando os otários dos tempos modernos.

O desrespeito, a frieza, a luxúria e a perversidade dos psicopatas estão ganhando espaço nas telinhas e nas telonas, arrebatando espectadores, críticos especializados e atores que buscam fama e reconhecimento profissional ao interpretar personagens de "psiquismo tão complexo". Se não tomarmos muito cuidado, acabaremos adotando a conduta psicopática como um estilo de vida eficiente para alcançar a autossatisfação, ou então como um comportamento adaptativo de sobrevivência.

É hora de parar e realizar uma profunda reflexão coletiva e individual. Precisamos definir em que proporções estamos contribuindo para a promoção de uma cultura psicopática. Temos que unir forças para efetuar um combate efetivo das ações psicopáticas em todas as suas manifestações. Para começar, precisamos rever a nossa tolerância em relação às pequenas transgressões do dia a dia, como jogar papel no chão, buzinar em frente ao hospital, urinar em postes, cuspir nas calçadas, estacionar em locais proibidos, não recolher os dejetos dos animais de estimação, e por aí vai.

E o que dizer de nossa tolerância para com a corrupção? Chegamos ao ponto absurdo de concordar com frases do tipo: "Fulano rouba mas faz". Isso representa a mais pura acomodação política que experimentamos em nossa vida social. Será que acreditamos realmente na existência da corrupção benigna? Evidentemente, sabemos que não, mas tentamos criar justificativas idiotas para abrandar nossa turva consciência. Sabemos distinguir claramente o certo do errado, no entanto preferimos relativizar essa questão para nos beneficiarmos das vantagens materiais das "pequenas" transgressões sociais.

Precisamos reestruturar, de forma urgente, os processos pelos quais nossas crianças e nossos jovens aprendem os valores e os comportamentos sociais. Para que isso ocorra, todas as instituições, tanto públicas quanto privadas, terão que dar a sua parcela de contribuição. Somente uma educação pautada em sólidos valores altruístas poderá fazer surgir uma nova ética social capaz de conciliar direitos individuais com responsabilidades interpessoais e coletivas. A aprendizagem altruísta é o único caminho possível para combatermos a cultura psicopática pautada na insensibilidade interpessoal e na ausência da solidariedade coletiva.

É fundamental destacar que não se trata de cair na velha argumentação da perda da virtude em troca do conforto e do progresso. Não é nada disso! Bem-vindas sejam as conquistas dos novos tempos, como os avanços científicos e tecnológicos, a liberdade de escolha e de expressão. No entanto, nada disso pode se transformar em justificativa para a aceitação ou a tolerância para com uma sociedade constituída de indivíduos desvinculados dos direitos e das necessidades vitais dos que estão ao redor.

A construção de uma sociedade mais solidária é, a meu ver, o grande desafio dos nossos tempos. E, para tal empreitada, teremos que harmonizar o desenvolvimento tecnológico com uma consciência que não faça nenhum tipo de concessão ao estilo psicopático de ser ou de viver. A luta contra as condutas psicopáticas é a luta pelo que há de mais humano em cada um de nós. É a luta por um mundo mais ético e menos violento, repleto de "gente fina, elegante e sincera".

ANEXO A
DSM-IV-TR — (301.7)

Critérios Diagnósticos para Transtorno da Personalidade Antissocial

A. Um padrão global de desrespeito e violação dos direitos dos outros, que ocorre desde os 15 anos, como indicado por pelo menos três dos seguintes critérios:

(1) incapacidade de adequar-se às normas sociais com relação a comportamentos lícitos, indicada pela execução repetida de atos que constituem motivo de detenção.

(2) propensão para enganar, indicada por mentir repetidamente, usar nomes falsos ou ludibriar os outros para obter vantagens pessoais ou prazer.

(3) impulsividade ou fracasso em fazer planos para o futuro.

(4) irritabilidade e agressividade, indicadas por repetidas lutas corporais ou agressões físicas.

(5) desrespeito irresponsável pela segurança própria ou alheia.

(6) irresponsabilidade consistente, indicada por um repetido fracasso em manter um comportamento laboral consistente ou de honrar obrigações financeiras.

(7) ausência de remorso, indicada por indiferença ou racionalização por ter ferido, maltratado ou roubado alguém.

B. O indivíduo tem no mínimo 18 anos de idade.

C. Existem evidências de transtorno da conduta com início antes dos 15 anos de idade.

D. A ocorrência do comportamento antissocial não se dá exclusivamente durante o curso de esquizofrenia ou episódio maníaco.

ANEXO B
CID-10 — (F60.2)

Transtorno de Personalidade Dissocial

Transtorno de personalidade caracterizado por um desprezo das obrigações sociais, falta de empatia para com os outros. Há um desvio considerável entre o comportamento e as normas sociais estabelecidas. O comportamento não é facilmente modificado pelas experiências adversas, inclusive pelas punições. Existe uma baixa tolerância à frustração e um baixo limiar de descarga da agressividade, inclusive da violência. Existe uma tendência a culpar os outros ou a fornecer racionalizações plausíveis para explicar um comportamento que leva o sujeito a entrar em conflito com a sociedade.

Personalidade (transtorno da):

→ amoral
→ antissocial
→ associal
→ psicopática
→ sociopática

Exclui: transtorno (de) (da):

→ conduta (F91.-)
→ personalidade do tipo instabilidade emocional (F60.3)

ANEXO C
DSM-IV-TR — (312.8)

Critérios Diagnósticos para Transtorno da Conduta

A. Um padrão repetitivo e persistente de comportamento no qual são violados os direitos individuais dos outros ou normas ou regras sociais importantes próprias da idade, manifestado pela presença de três (ou mais) dos seguintes critérios nos últimos 12 meses, com presença de pelo menos um deles nos últimos seis meses:

Agressão a pessoas e animais

(1) provocações, ameaças e intimidações frequentes

(2) lutas corporais frequentes

(3) utilização de arma capaz de infligir graves lesões corporais (por exemplo, bastão, tijolo, garrafa quebrada, faca, revólver)

(4) crueldade física para com pessoas

(5) crueldade física para com animais

(6) roubo em confronto com a vítima (por exemplo, bater carteira, arrancar bolsa, extorsão, assalto à mão armada)

(7) coação para que alguém tivesse atividade sexual consigo

Destruição de patrimônio

(8) envolveu-se deliberadamente na provocação de incêndio com a intenção de causar sérios danos

(9) destruiu deliberadamente a propriedade alheia (diferente de provocação de incêndio)

Defraudação ou furto

(10) arrombou residência, prédio ou automóvel alheios

(11) mentiras frequentes para obter bens ou favores ou para esqui-var-se de obrigações legais (isto é, ludibriar pessoas)

(12) roubo de objetos de valor sem confronto com a vítima (por exemplo, furto em lojas, mas sem arrombar e invadir; falsificação)

Sérias violações de regras

(13) frequente permanência na rua à noite, contrariando proibições por parte dos pais, iniciando antes dos 13 anos de idade

(14) fugiu de casa à noite por pelo menos duas vezes, enquanto vivia na casa dos pais ou em lar adotivo (ou uma vez, sem retornar por um extenso período)

(15) gazetas frequentes, iniciando antes dos 13 anos de idade

B. A perturbação do comportamento causa prejuízo clinicamente significativo do funcionamento social, acadêmico ou ocupacional.

C. Se o indivíduo tem 18 anos ou mais, não são satisfeitos os critérios para o transtorno da personalidade antissocial.

ESPECIFICAR TIPO COM BASE NA IDADE DE INÍCIO:

312.81 Tipo com início na infância: início de pelo menos um crité-rio característico do transtorno da conduta antes dos dez anos de idade.

312.82 Tipo com início na adolescência: ausência de quaisquer critérios característicos do transtorno da conduta antes dos dez anos de idade.

312. 89 Transtorno da conduta, início inespecificado: a idade do início não é conhecida.

ESPECIFICAR GRAVIDADE:

LEVE: poucos problemas de conduta, se existem, além dos exigidos para fazer o diagnóstico, sendo que os problemas de conduta causam apenas um dano pequeno a outras pessoas.

MODERADO: um número de problemas de conduta e o efeito sobre outros são intermediários, entre "leve" e "grave".

GRAVE: muitos problemas de conduta além dos exigidos para fazer o diagnóstico ou problemas de conduta que causam dano considerável a outras pessoas.

Sites úteis

AMERICAN PSYCHIATRY ASSOCIATION (APA)
www.psych.org

ASSOCIAÇÃO BRASILEIRA DE PSIQUIATRIA (ABP)
www.abpbrasil.org.br

CENTRO DE VALORIZAÇÃO DA VIDA (CVV)
www.cvv.com.br

DISQUE DENÚNCIA
www.disquedenuncia.org.br

ASSOCIAÇÃO DE PARENTES E AMIGOS DE VÍTIMAS DE
VIOLÊNCIA (APAVV)
www.apavv.org.br

CENTRAL NACIONAL DE DENÚNCIAS DE CRIMES CIBERNÉTICOS
— SAFERNET BRASIL
www.denunciar.org.br

SECRETARIA DE ASSISTÊNCIA SOCIAL — RJ
www.rio.rj.gov.br/smas

WITHOUT CONSCIENCE — ROBERT HARE'S WEB SITE DEVOTED TO THE STUDY OF PSYCHOPATHY
www.hare.org

WORLD HEALTH ORGANIZATION
www.who.int

BLOG DA ATRIZ DANIELLA PEREZ
http://daniellafperez.blogspot.com/

VÍDEOS DE ENTREVISTAS DA ESCRITORA ANA BEATRIZ BARBOSA SILVA
youtube.com/anabeatrizbsilva

VÍDEOS POSTADOS PELA ESCRITORA GLORIA PEREZ
youtube.com/gfperez

Telefones úteis

ASSOCIAÇÃO BRASILEIRA DE PSIQUIATRIA
(21) 2199-7500

CENTRO DE VALORIZAÇÃO DA VIDA (CVV)
141 (Bahia, Maranhão, Pará e Paraná)
188 (demais estados)

CENTRAL DE ATENDIMENTO À MULHER
EM SITUAÇÃO DE VIOLÊNCIA
180

DISQUE DENÚNCIA
RIO DE JANEIRO: (21) 2253-1177
SÃO PAULO: 181
BRASÍLIA: (61) 3323-8855
SALVADOR: (71) 3235-0000

SECRETARIAS DE ASSISTÊNCIA SOCIAL
RIO DE JANEIRO: (21) 2293-0393
SÃO PAULO: (11) 3291-9666

Bibliografia

ABDALLA-FILHO, Elias, Hilda C. P. Morana, e Michael H. Stone. "Transtornos de personalidade, psicopatia e serial killers". Revista Brasileira de Psiquiatria. 28 (supl 2): s74-s79, 2006.

ADOLPHS, R. "Is the human amygdale specialized for processing social information?". *Annals of the New York Academy of Sciences*, n. 985, 2003.

AGUINAGA, Hélio. *Heróis ou tiranos?: a verdadeira saga dos descobridores*. Rio de Janeiro: Editora Lidador, 2001.

AMERICAN PSYCHIATRIC ASSOCIATION — DSM-IV-TR. *Manual diagnóstico e estatístico de transtornos mentais*. Trad. Dornelles, C. 4. ed. rev. Porto Alegre: Artmed, 2002.

ANDREASEN, Nancy C. *Admirável cérebro novo: vencendo a doença mental na era do genoma*. Porto Alegre: Artmed, 2005.

BABIAK, Paul & HARE, Robert D. *Snakes in suits: when psychopaths go to work*. Nova York: HarperCollins, 2007.

BAUMAN, Zygmunt. *Amor líquido: sobre a fragilidade dos laços humanos*. Rio de Janeiro: Jorge Zahar, 2004.

_____. *Modernidade líquida*. Rio de Janeiro: Jorge Zahar, 2001.

_____. *Vida líquida*. Rio de Janeiro: Jorge Zahar, 2007.

BAZÍLIO, Luiz Cavalieri & KRAMER, Sonia. *Infância, educação e direitos humanos*. 2. ed. São Paulo: Cortez, 2006.

BECHARA, A. et alii. "Insensitivity to future consequences following damage to human prefrontal cortex". *Cognition*, vol. 50, n. 1-3, 1994.

BLAINEY, Geoffrey. *Uma breve história do mundo*. São Paulo: Fundamento Educacional, 2007.

BLAIR, James; MITCHELL, Derek & BLAIR, Karina. *The psychopath: emotion and the brain*. Malden: Blackwell, 2005.

CARTER, Rita. *O livro de ouro da mente*. Rio de Janeiro: Ediouro, 2003.

CASOY, Ilana. *A prova é a testemunha*. Larousse do Brasil, 2010.

_____. *O quinto mandamento: caso de polícia*. São Paulo: Arx, 2006.

_____. *Serial killers: made in Brasil*. 3. ed. São Paulo: Arx, 2004.

CHECKLEY, Hervey. *The mask of sanity*. 5. ed. St. Louis: Mosby, 1976.

CORNWELL, Patricia D. *Retrato de um assassino: Jack, o Estripador: caso encerrado*. São Paulo: Companhia das Letras, 2003.

DAMATTA, Roberto. *O que faz o Brasil, Brasil?* Rio de Janeiro: Rocco, 1986.

DAMÁSIO, A. R. "The somatic marker hypothesis and the possible functions of the prefrontal cortex". *Proceedings of The Royal Society*, n. 351, 1996.

_____. *O erro de Descartes: emoção, razão e o cérebro humano*. São Paulo: Companhia das Letras, 1996.

DAMÁSIO, H. et alii. "The return of Phineas Gage: clues about the brain from the skull of a patient". *Science*, 264(5162):1102-5, 1994.

ELIAS, Norbert. *A solidão dos moribundos: seguido de envelhecer e morrer*. Rio de Janeiro: Jorge Zahar, 2001.

EL-HAI, Jack. *O nazista e o psiquiatra*. São Paulo: Planeta, 2016.

FANTE, Cleo. *Fenômeno bullying: como prevenir a violência nas escolas e educar para a paz*. 2. ed. rev. Campinas: Versus, 2005.

FISHER, L. & BLAIR, R. J. R. "Cognitive impairment and its relationship to psychopathic tendencies in children with emotional and behavioural difficulties". *Journal of Abnormal Child Psychology*, n. 26, 1998.

GARCIA-PABLOS DE MOLINA, Antonio. *Criminologia: Introdução a seus fundamentos teóricos, introdução às bases da criminológicas da lei n° 9.099/95 – lei dos juizados especias criminais.* São Paulo: Editora Revista dos Tribunais, 2008.

GÉNÉREUX, Jacques. *O horror político: o horror político não é econômico.* 5. ed. Rio de Janeiro: Bertrand Brasil, 2003.

GHIRELLI, Antonio. *Tiranos: de Hitler a Pol Pot: os homens que ensanguentaram o Século 20.* Rio de Janeiro: DIFEL, 2003.

GOLEMAN, Daniel. *Inteligência social.* Rio de Janeiro: Elsevier, 2006.

GONÇALVES, R. A., & Soeiro, C. *O estado de arte do conceito de psicopatia.* Análise Psicológica, 28, 1, 227-240, 2010.

GREEN, Vivian Hubert. *A loucura dos reis.* Rio de Janeiro: Ediouro, 2006.

GRÜN, Anselm. *O livro das respostas.* Petrópolis: Vozes, 2008.

HARE, Robert D. *Without conscience: the disturbing world of the psychopaths among us.* Nova York: Guilford, 1999.

HILLBRAND, Marc & PALLONE, Nathaniel J. (orgs.). *The psychobiology of aggression.* Binghamton: Hayworth Press, 1995.

HIRIGOYEN, Marie-France. *A violência no casal: de coação psicológica a agressão física.* Rio de Janeiro: Bertrand Brasil, 2006.

JABOR, Arnaldo. *Pornopolítica: paixões e taras na vida brasileira.* Rio de Janeiro: Objetiva, 2006.

JACOBY, Russell. *O fim da utopia.* Rio de Janeiro: Record, 2001.

JORGE, Fernando. *Hitler, retrato de uma tirania.* São Paulo: Geração Editorial, 2012.

KAPCZINSKI, Flávio et alii. *Bases biológicas dos transtornos psiquiátricos.* Porto Alegre: Artmed, 2004.

KATZ, Chaim Samuel et alii (orgs.). *Beleza, feiura e psicanálise.* Rio de Janeiro: Contra Capa, 2004.

KERSHAW, Ian. *Hitler.* São Paulo: Companhia das Letras, 2010.

LAPIERRE, Dominique et alii. "Ventral frontal deficits in psychopathy: neuropsychological test findings". *Neuropsychologia*, vol. 33, n. 2, 1995.

LEDOUX, Joseph. *The emotional brain: the mysterious underpinnings of emotional life*. Nova York: Touchstone Books, 1998.

LEEDOM, Liane J. (20 de dezembro de 2017). *The Impact of Psychopathy on the Family*, Psychopathy Federico Durbano, IntechOpen, DOI: 10.5772/intechopen.70227. Disponível em: https://www.intechopen.com/books/psychopathy-new-updates-on-an-old-phenomenon/the-impact-of-psychopathy-on-the-family

LINGER, Peter. *Vida ética: os melhores ensaios do mais polêmico filósofo da atualidade*. Rio de Janeiro: Ediouro, 2002.

LION, Elisa. *Ferramentas para viver melhor: educação emocional para alcançar objetivos*. São Paulo: Madras, 2003.

LIPOVETSKY, Gilles. *A sociedade da decepção*. São Paulo: Manole, 2007.

LOBACZEWSKI, Andrew. *Ponerologia: Psicopatas no Poder*. Campinas: Vide Editorial, 2014.

LYKKEN, David T. *The antisocial personalities*. Nova Jersey: Lawrence Eralbaum, 1995.

LYNAM, Donald R. "Early identification of chronic offenders: who is the fledgling psychopath?" *Psychological Bulletin*, vol. 120, n. 2, 1996.

MYERSON, Daniel. *Sangue e esplendor: história dos piores tiranos da humanidade*. Rio de Janeiro: Ediouro, 2003.

MOLL, Jorge et alii. "Frontopolar and anterior temporal cortex activation in a moral judgment task: preliminary functional MRI results in normal subjects". *Arq. Neuropsiquiatric*, 2001; 59(3-B):657-664.

NAÍM, Moisés. *Ilícito*. Rio de Janeiro: Jorge Zahar, 2006.

NEWTON, Michael. *A enciclopédia de serial killers: um estudo de um deprimente fenômeno criminoso, de "anjos da morte" ao matador do "zodíaco"*. São Paulo: Madras, 2005.

ORGANIZAÇÃO MUNDIAL DE SAÚDE (coord.) — CDI-10. Trad. Centro Colaborador da OMS para a Classificação de Doenças em Português. 10. ed. rev. São Paulo: Universidade de São Paulo, 2000.

ORGANIZAÇÃO MUNDIAL DE SAÚDE (coord.). *Classificação dos transtornos mentais e do comportamento da* CID-10: *descrições clínicas e diretrizes diagnósticas.* Trad. Caetano, D. Porto Alegre: Artes Médicas, 1993.

PADILHA, Valquíria. *Shopping center: a catedral das mercadorias.* São Paulo: Boitempo, 2006.

PAMELA, Y. et alii. "Neurologic abnormalities in murderes". *Neurology,* n. 45, set. 1995.

PATRICK, Christopher J. "Emotion and temperament in psychopathy". *Clinical Science,* outono, 1995.

PATRICK, Christopher; CUTHBERT, Bruce & LANG, Peter. "Emotion in the criminal psychopath: fear image processing". *Journal of Abnormal Psychology,* vol. 103, n. 3, 1994.

PENFOLD, Rosalind B. *Mas ele diz que me ama: graphic novel de uma relação violenta.* Rio de Janeiro: Ediouro, 2006.

PERALVA, Angelina. *Violência e democracia: o paradoxo brasileiro.* São Paulo: Paz e Terra, 2000.

PEREIRA, Glória Maria Garcia. *Talento: nova linguagem do dinheiro para a realização pessoal.* São Paulo: Futura, 2002.

PILGER, John. *Os novos senhores do mundo.* Rio de Janeiro: Record, 2004.

RAINE, Adrian. *The psychopathology of crime: criminal behavior as a clinical disorder.* San Diego: Academic Press, 1997.

RANGEL, Alexandre. *As mais belas parábolas de todos os tempos* — volume II. Belo Horizonte: Leitura, 2004.

RATEY, John J. *O cérebro: um guia para o usuário.* Rio de Janeiro: Objetiva, 2002.

REZENDE, B. F. D. *Personalidade psicopática.* Barbacena: UNIPAC, 2011. (Monografia de graduaçao em Direito).

RIDLEY, Matt. *O que nos faz humanos.* Rio de Janeiro: Record, 2004.

RODRIGUES, Fernando. *Políticos do Brasil.* São Paulo: Publifolha, 2006.

ROSE, Steven. *O cérebro do século* XXI: *como entender, manipular e desenvolver a mente.* São Paulo: Globo, 2006.

ROWLANDS, Mark. *Tudo o que sei aprendi com a TV*. Rio de Janeiro: Ediouro, 2008.

SILVA, Ana Beatriz Barbosa. *Bullying: mentes perigosas nas escolas*. Rio de Janeiro: Principium, 2015.

_____. *Mentes inquietas: TDAH: desatenção, hiperatividade e impulsividade*. Rio de Janeiro: Principium, 2014.

SMITH, David Livingstone. *Por que mentimos: os fundamentos biológicos e psicológicos*. Rio de Janeiro: Campus, 2005.

STOUT, Martha. *The sociopath next door: the ruthless versus the rest of us*. Nova York: Broadway Books, 2005.

TAILLE, Yves de La. *Moral e ética: dimensões intelectuais e afetivas*. Porto Alegre: Artmed, 2006.

VITARO F. et alii. "Reactive and proactive aggression differentially predict later conduct problems". *Journal of Child Psychology and Psychiatry*, n. 43, 2002.

WALKER III, Sydney. *A dose of sanity: minds, medicine and misdiagnosis*. Nova York: John Wiley & Sons, 1997.

WAAL, Frans. *Eu, primata: por que somos como somos*. São Paulo: Companhia das Letras, 2007.

WRIGHT, Robert. *The moral animal*. Nova York: Vintage Books, 1994.

Contatos da
Dra. Ana Beatriz Barbosa Silva

Homepage: www.draanabeatriz.com.br
E-mail: contato@draanabeatriz.com.br
abcomport@gmail.com
Twitter: twitter.com/anabeatrizpsi
Facebook: facebook.com/anabeatriz.mcomport
YouTube: youtube.com/anabeatrizbsilva
Instagram: instagram.com/anabeatriz11

CPSIA information can be obtained
at www.ICGtesting.com
Printed in the USA
LVHW050136260322
714450LV00007B/7